国家职业技能等级认定培训教程
国家基本职业培训包教材资源

物流服务师

（基础知识）

编审委员会

主　任	吴礼舵　张　斌
副主任	刘文彬　葛　玮
委　员	葛恒双　赵　欢　王小兵　张灵芝　刘永澎　吕红文　张晓燕
	贾成千　高　文　瞿伟洁

本书编审人员

主　编	乔　骏　李国栋
副主编	孙文娟　张　娜
编　者	张　雪　张莛煜　任宁宁　周　建　吴伟杰　衡会战　徐邦仪
	曹　薇
主　审	黄维娜

 中国人力资源和社会保障出版集团

图书在版编目（CIP）数据

物流服务师：基础知识 / 中国就业培训技术指导中心，人力资源和社会保障部职业技能鉴定中心组织编写 . -- 北京：中国劳动社会保障出版社：中国人事出版社，2022

国家职业技能等级认定培训教程　国家基本职业培训包教材资源

ISBN 978-7-5167-5279-1

Ⅰ.①物… Ⅱ.①中…②人… Ⅲ.①物流管理-职业技能-鉴定-教材 Ⅳ.①F252.1

中国版本图书馆 CIP 数据核字（2022）第 056867 号

中国劳动社会保障出版社
中国人事出版社 出版发行

（北京市惠新东街 1 号　邮政编码：100029）

*

三河市华骏印务包装有限公司印刷装订　新华书店经销

787 毫米 ×1092 毫米　16 开本　13.5 印张　221 千字
2022 年 6 月第 1 版　2022 年 6 月第 1 次印刷

定价：39.00 元

读者服务部电话：（010）64929211/84209101/64921644
营销中心电话：（010）64962347
出版社网址：http://www.class.com.cn

版权专有　侵权必究

如有印装差错，请与本社联系调换：（010）81211666
我社将与版权执法机关配合，大力打击盗印、销售和使用盗版图书活动，敬请广大读者协助举报，经查实将给予举报者奖励。

举报电话：（010）64954652

前　言

为加快建立劳动者终身职业技能培训制度，大力实施职业技能提升行动，全面推行职业技能等级制度，推进技能人才评价制度改革，促进国家基本职业培训包制度与职业技能等级认定制度的有效衔接，进一步规范培训管理，提高培训质量，中国就业培训技术指导中心、人力资源和社会保障部职业技能鉴定中心组织有关专家在《物流服务师国家职业技能标准（2020年版）》（以下简称《标准》）制定工作基础上，编写了物流服务师国家职业技能等级认定培训教程（以下简称等级教程）。

物流服务师等级教程紧贴《标准》要求编写，内容上突出职业能力优先的编写原则，结构上按照职业功能模块分级别编写。该等级教程共包括《物流服务师（基础知识）》《物流服务师（三级）》《物流服务师（二级）》《物流服务师（一级）》4本。《物流服务师（基础知识）》是各级别物流服务师均需掌握的基础知识，其他各级别教程内容分别包括各级别物流服务师应掌握的理论知识和操作技能。

本书是物流服务师等级教程中的一本，是职业技能等级认定推荐教程，也是职业技能等级认定题库开发的重要依据，已纳入国家基本职业培训包教材资源，适用于职业技能等级认定培训和中短期职业技能培训。

本书在编写过程中得到北京络捷斯特科技发展股份有限公司、山东商业职业技术学院、江苏省常州技师学院、乌鲁木齐职业大学、安徽警官职业学院、北京市工贸技师学院等单位的大力支持与协助，在此一并表示衷心感谢。

中国就业培训技术指导中心
人力资源和社会保障部职业技能鉴定中心

目录 CONTENTS

职业模块 1　职业与职业道德认知 ··· 1
　培训课程 1　职业认知 ··· 2
　培训课程 2　职业道德认知 ··· 4

职业模块 2　仓储与配送管理基础知识 ··· 11
　培训课程 1　仓储与配送认知 ··· 12
　培训课程 2　仓储设备 ··· 20
　培训课程 3　仓储企业岗位设置 ··· 41
　培训课程 4　仓储与配送作业流程 ··· 49

职业模块 3　运输管理基础知识 ··· 61
　培训课程 1　运输认知 ··· 62
　培训课程 2　运输设备 ··· 70
　培训课程 3　运输企业岗位设置 ··· 81
　培训课程 4　运输作业流程 ··· 87

职业模块 4　货运代理基础知识 ··· 101
　培训课程 1　航空物流业务 ··· 102
　培训课程 2　海运物流业务 ··· 111
　培训课程 3　陆运物流业务 ··· 117
　培训课程 4　多式联运业务 ··· 120

职业模块 5　供应链管理基础知识 ··· 125
　培训课程 1　供应链及其管理 ··· 126
　培训课程 2　需求预测 ··· 136

培训课程 3　供应链计划制订 …………………………………………… 139
培训课程 4　生产物流管理 ……………………………………………… 144
培训课程 5　库存管理 …………………………………………………… 149

职业模块 6　物流信息技术基础知识 …………………………………… 157
培训课程 1　条形码技术 ………………………………………………… 158
培训课程 2　自动识别技术 ……………………………………………… 162
培训课程 3　地理信息系统和全球定位系统技术 ……………………… 166

职业模块 7　物流安全生产基础知识 …………………………………… 169
培训课程 1　人员安全管理 ……………………………………………… 170
培训课程 2　设备安全管理 ……………………………………………… 174
培训课程 3　物料安全管理 ……………………………………………… 177

职业模块 8　职业形象与健康基础知识 ………………………………… 181
培训课程 1　仪容仪表 …………………………………………………… 182
培训课程 2　心理健康 …………………………………………………… 184
培训课程 3　仓库现场管理 ……………………………………………… 186

职业模块 9　环境保护基础知识 ………………………………………… 189
培训课程 1　环境保护认知 ……………………………………………… 190
培训课程 2　绿色物流 …………………………………………………… 193

职业模块 10　相关法律法规知识 ……………………………………… 197
培训课程 1　相关法律知识 ……………………………………………… 198
培训课程 2　相关法规知识 ……………………………………………… 207

职业模块 ①
职业与职业道德认知

培训课程 1　职业认知

一、物流服务业认知

1. 物流服务的定义

物流服务是从接收客户订单开始到将商品送到客户手中为止所发生的所有服务活动，可使交易的产品或服务实现增值。其本质是更好地满足客户需求，即保证客户需要的商品在客户要求的时间内准时送达，服务能达到客户要求的水平等。

2. 物流服务的目的

物流服务的目的是提供更多能满足客户要求的服务，扩大与竞争对手之间的差距，通过销售额的增加来获得或增加企业的利润。

（1）有效完成商品的供应。

（2）减轻客户的物流作业负担，提高作业效率。

（3）为客户节省更多的流动资金来研发企业的核心技术。

3. 现代物流服务体系的内涵

现代物流服务体系是为了保证现代物流服务得以正常运作而与之相关的各类要素的有机组合。其是由一些相互联系、相互制约的若干要素组合而成的具有特定功能的有机整体，其关注的核心不仅包括物流服务的供给，还包括物流服务的需求。

现代物流服务体系的基本要素包括人、财、物、信息。在这四个要素的基础上，现代物流服务体系形成了功能维要素、物理维要素、市场维要素和环境维要素，简称四维要素。这四维要素借助一定的体系关联模式建立连接关系，形成体系结构，并在一定的物流服务运作机制下，开展物流服务运作，实现体系功能。因此，物流服务运作机制是该体系构建与完善的关键。

二、物流服务师的工作内容

《中华人民共和国职业分类大典（2015年版）》对物流服务师的定义为："在生产、流通和服务领域中，从事物品采购、货运代理、物流信息服务，并组织进行仓储运输、配送包装、装卸搬运、流通加工等工作的人员。"

物流服务师的主要工作任务如下。

1. 确定采购方式，编制采购计划与预算，选择、管理供应商，实施采购操作并制定采购风险应对措施。

2. 处理物品仓储入库、在库、出库等业务，缮制仓储单据，根据仓库货区布置，进行区域布局优化和作业流程优化。

3. 选择运输方式，并估算运输成本、计算运费、缮制运输单据，优化运输方案。

4. 根据生产流程和厂区的地理特性进行生产物流布局，实施并监控生产物流流程。

5. 针对货物的国际运输的需求，缮制国际单证，处理订舱（或签订租约）、换单和货物交付业务，处理事故与争议。

6. 根据企业需求，规划、运用、维护物流管理信息系统，组织实施物流信息化方案可行性论证。

培训课程 2
职业道德认知

一、职业与职业道德

1. 职业

（1）职业的含义。职业是指从业人员为获取主要生活来源所从事的社会工作类别。

（2）职业的特征

1）目的性。职业活动以获得现金或实物等报酬为目的。

2）社会性。职业是从业人员在特定社会生活环境中所从事的一种与其他社会成员相互关联、相互服务的社会活动。

3）稳定性。职业在一定的历史时期内形成，并具有较长的生命周期。

4）规范性。职业活动必须符合国家法律和社会道德规范。

5）群体性。职业必须具有一定的从业人数。

（3）职业的属性

1）职业的社会性。职业是人类在生产劳动过程中的分工现象，它体现的是劳动力与生产资料之间的结合关系、劳动者之间的关系，以及不同职业之间的劳动交换关系。这种劳动过程中形成的人与人之间的关系无疑是社会性的。劳动交换反映了不同职业之间的等价关系，反映了职业活动的社会属性。

2）职业的规范性。职业的规范性包含两层含义：一是指职业内部的操作规范性，二是指职业道德的规范性。不同的职业在其劳动过程中都有一定的操作规范，这是保证职业活动专业性的要求。当不同职业对外展现其服务时，还存在一个伦理范畴的规范，即职业道德。这两种规范性构成了职业规范的内涵与外延。

3）职业的功利性。职业的功利性也称为职业的经济性，是指职业作为人们赖以谋生的劳动过程所具有的逐利性。职业活动既满足劳动者自己的需要，也满足社会的需要，只有把职业的个人功利性与社会功利性结合起来，职业活动及其职业生涯才具有生命力和价值。

4）职业的技术性和时代性。职业的技术性是指每一种职业都表现出与职业活动相对应的技术要求。职业的时代性是指由于社会进步和科学技术发展，人们的生活方式、习惯等因素的变化给职业打上符合时代要求的烙印。

（4）国家职业技能标准

1）国家职业技能标准的含义。国家职业技能标准（简称职业技能标准）是指通过工作分析方法，描述胜任各种职业所需的能力，客观反映劳动者知识水平和技能水平的评价规范。职业技能标准既反映了用人单位的用人要求，也为职业技能等级认定工作提供了依据。

2）物流服务师国家职业技能标准。该标准由人力资源社会保障部于2020年10月公布施行。该标准以"职业活动为导向、职业技能为核心"为指导思想，对物流服务师从业人员的职业活动内容进行了规范细致描述，对各等级从业人员的技能水平和理论知识水平进行了明确规定。本职业共设三个等级，分别为三级/高级工、二级/技师、一级/高级技师。该标准包括职业概况、基本要求、工作要求和权重表四个方面的内容，含有仓储与配送管理、运输管理、货运代理、生产物流管理、物流信息技术应用、物流战略管理、培训指导等职业功能。

2. 道德

（1）道德的含义。马克思主义伦理学认为，道德是人类社会特有的，由社会经济关系决定的，依靠内心信念、社会舆论、风俗习惯等方式来调整人与人之间、人与社会之间，以及人与自然之间关系的特殊行为规范的总和。它包含了三层含义。一是道德的性质、内容是由社会的生产方式、经济关系（即物质利益关系）决定的，也就是说，有什么样的生产方式、经济关系，就有什么样的道德体系。二是道德是以善与恶、好与坏、偏私与公正等作为标准来调整人们行为的：一方面，道德作为标准，影响人们的价值取向和行为模式；另一方面，道德也是人们对行为选择、关系调整做出善恶判断的评价标准。三是道德不是由专门机构来制定和强制执行的，而是依靠社会舆论和人们的内心信念、传统思想和教育的力量来调节的。根据马克思主义理论，道德属于社会上层建筑，是一种特殊的社会现象。

（2）道德的分类。根据道德的表现形式，人们通常把道德分为职业道德、社会公德、家庭美德。作为从事某一特定职业的从业人员，要结合自身实际，加强职业道德修养，担负职业道德责任。同时，作为社会和家庭的重要成员，从业人员也要加强社会公德、家庭美德的修养，担负起应尽的社会责任和家庭责任。

3. 职业道德

（1）职业道德的含义。职业道德是指从事一定职业的人们在职业活动中应该遵循的，依靠社会舆论、传统习惯和内心信念来维持的行为规范的总和。它调节从业人员与服务对象之间、从业人员之间、从业人员与职业之间的关系。它是职业或行业范围内的特殊要求，是社会道德在职业领域的具体体现。

（2）职业道德的基本要素

1）职业理想。职业理想是人们对职业活动目标的追求和向往，是人们的世界观、人生观、价值观在职业活动中的集中体现。它是形成职业态度的基础，是实现职业目标的精神动力。

2）职业态度。职业态度是人们在一定社会环境的影响下，通过职业活动和自身体验所形成的对岗位工作的一种相对稳定的劳动态度和心理倾向。它是从业人员精神境界、职业道德素质和劳动态度的重要体现。

3）职业义务。职业义务是人们在职业活动中应该履行的对他人、对社会应尽的职业责任。每一个从业人员都有维护国家和集体利益、为人民服务的职业义务。

4）职业纪律。职业纪律是从业人员在岗位工作中必须遵守的规章、制度、条例等职业行为规范。例如，国家公务员必须廉洁奉公、甘当公仆，公安、司法人员必须秉公执法、铁面无私等。这些规定和纪律要求是从业人员做好本职工作的必要条件。

5）职业良心。职业良心是从业人员在履行职业义务过程中形成的对职业责任的自觉意识和自我评价。人们所从事的职业和岗位不同，其职业良心的表现形式往往也不同。

6）职业荣誉。职业荣誉是社会对从业人员职业道德活动的价值所做出的褒奖和肯定评价，以及从业人员在主观认识上对自己职业道德活动的一种自尊、自爱的意向。

7）职业作风。职业作风是从业人员在职业活动中表现出来的相对稳定的工作态度和职业风范。从业人员在职业岗位中表现出来的尽职尽责、诚实守信、奋力拼搏、艰苦奋斗都属于职业作风。职业作风是一种无形的精神力量，对从业人员取得事业成功具有重要作用。

（3）职业道德的特征。职业道德作为职业行为的准则之一，与其他职业行为准则相比，具有以下六个特征。

1）鲜明的行业性。行业之间存在差异，各行各业都有特殊的道德要求。

2）适用范围的有限性。一方面，职业道德一般只适用于从业人员的岗位活动；另一方面，不同的职业道德之间也有共同的特征和要求，存在共通的内容，如敬业、诚信、互助等，但在某些特定行业和具体的岗位上，必须有与该行业、该岗位相适应的具体的职业道德规范。这些特定的规范只在特定的职业范围内起作用，只对该行业和该岗位的从业人员具有指导和规范作用。

3）表现形式的多样性。职业领域的多样性决定了职业道德表现形式的多样性。随着社会经济的高速发展，社会分工将越来越细，越来越专业，各行各业为适应本行业的公约、规章制度、员工守则、岗位职责等要求，都会将职业道德的基本要求规范化、具体化，使职业道德的具体规范和要求呈现多样性。

4）一定的强制性。职业道德除了通过社会舆论和从业人员的内心信念来对其职业行为进行调节外，也与职业责任和职业纪律紧密相连。职业纪律属于职业道德的范畴，当从业人员违反了具有一定法律效力的职业章程、职业合同、职业责任、操作规程，给企业和社会带来损失和危害时，职业道德就将用其具体的评价标准对违规者进行处罚，轻则受到经济和纪律处罚，重则移交司法机关，由法律进行制裁，这就是职业道德强制性的表现。需要强调的是，职业道德本身并不具有强制性，而是其总体要求与职业纪律、行业法规具有交叉性，一旦从业人员违背了这些纪律和法规，就要受到相应的处罚。

5）相对的稳定性。职业一般处于相对稳定的状态，因此反映职业要求的职业道德必然也处于相对稳定的状态。如商业行业"诚信为本、童叟无欺"的职业道德，医务行业"救死扶伤、治病救人"的职业道德等，千百年来为相关行业的从业人员所遵守和传承。

6）利益的相关性。职业道德与物质利益具有一定的关联性。利益是道德的基础，各种职业道德规范及表现状况关系到从业人员的利益。对于爱岗敬业的员工，企业不仅应给予精神鼓励，还应给予物质奖励；相反，违背职业道德、漠视工作的员工则应受到批评，严重者还应受到处罚。一般情况下，当企业将职业道德规范纳入企业管理制度时，就要将它与自身的行业特点、要求紧密结合在一起，变成更加具体、明确、严格的岗位责任或岗位要求，并制定相应的奖励和处罚措施，与从业人员的物质利益挂钩，强调责、权、利的有机统一，便于监督、检查、评估，以促进从业人员更好地履行自己的职业责任和义务。

（4）职业道德的基本规范。"爱岗敬业、诚实守信、办事公道、服务群众、奉献社会"，这是所有从业人员都应遵守的职业道德基本规范。

1）爱岗敬业。爱岗敬业作为最基本的职业道德规范，是对人们工作态度的普遍要求，是中华民族传统美德和现代企业发展的要求。爱岗就是热爱自己的工作岗位、热爱本职工作，敬业就是要用一种恭敬严肃的态度对待自己的工作。

2）诚实守信。诚实守信是做人的基本准则，也是社会公德和职业道德的一项基本规范。诚，就是真实不欺，言行和内心思想一致，不弄虚作假。信，就是真心实意地遵守、履行诺言。诚实守信是指真实无欺、遵守承诺和契约的品德及行为。诚实守信体现个人的道德操守和人格力量，也是具体行业、企业立足的基础，具有很强的现实针对性。

3）办事公道。办事公道是对人和事的一种态度。公道就是处理事情坚持原则，不偏袒任何一方。办事公道强调在职业活动中遵守公平与公正的原则，做到不谋私利、不徇私情、光明磊落。

4）服务群众。服务群众就是在职业活动中一切以群众的利益出发，为群众着想，为群众办事，为群众提供高质量的服务。在社会主义市场经济条件下，服务群众应做到：首先，心中时时要有群众，始终把人民的根本利益放在心上；其次，要充分尊重群众，尊重群众的人格和尊严；最后，要千方百计服务群众。

5）奉献社会。奉献社会就是积极自觉地为社会做贡献，是社会主义职业道德的本质特征。社会主义建立在以公有制为主体的经济基础之上，广大劳动人民当家做主，奉献社会是从业人员重要的道德规范，也是从业人员根本的职业目的。奉献社会并不意味着不要个人的正当利益，不要个人的幸福。恰恰相反，一个自觉奉献社会的人才能真正找到个人幸福的支撑点。个人幸福是在奉献社会的职业活动中体现出来的。

二、物流服务行业职业道德

1. 物流服务师职业道德规范

（1）忠于职守，诚信待人。

（2）团结协作，顾全大局。

（3）爱岗敬业，遵纪守法。

（4）钻研业务，精益求精。

（5）及时准确，规范操作。

（6）切忌推诿，谨防错漏。

2. 服务态度、服务质量、职业道德三者的关系

（1）服务态度和服务质量是职业道德的外在表现。

（2）职业道德是服务态度、服务质量的基础。

（3）加强职业道德建设是改善服务质量、服务态度的核心。

三、物流服务师职业守则

1. 遵纪守法，爱岗敬业

（1）遵纪守法。遵纪就是在职业行为中遵守纪律，纪律包括劳动纪律、规章制度、准则、岗位职责等。守法就是遵守国家颁布的各种法律法规、管理条例等。

（2）爱岗敬业。爱岗敬业就是要热爱本职工作，在工作中兢兢业业、忠于职守，认真负责地履行全部岗位职责。在社会主义市场经济中，无论在哪个工作岗位，都是通过自己的工作创造物质和精神财富的。一个人如果不爱自己的工作，工作中敷衍塞责，甚至玩忽职守，就谈不上爱岗敬业，更谈不上为社会做贡献。

2. 工作认真，团结协作

（1）工作认真。在工作中必须严格遵守相关安全操作规程和制度，杜绝工作松懈、思想麻痹的现象，牢固树立工匠意识，保持一丝不苟的精神状态，将各种安全隐患及时消灭在萌芽状态。

（2）团结协作

1）处理好团结与竞争的关系。在工作中，竞争是必然存在的，竞争能促进发展，但是竞争必须制定规则，否则会演变成无序的、不正当的投机取巧。竞争必须公平、公正、公开。竞争的组织者必须不偏心、无私心；参与竞争者应该在积极竞争的同时，善于团结同事、联合同行、协调工作，以取得"多赢"。团结同事应做到坦诚待人、热情谦让、宽厚仁慈、求大同存小异。

2）处理好分工与协作的关系。工作中既有分工又有协作。在企业的生产线上，每个从业人员所处的岗位都有明确的分工和岗位目标责任制，但除了做好本职工作，还应与他人协同工作，相互配合，这样才能形成团体的凝聚力，实现共同的目标。

3）处理好团结协作与坚持原则的关系。要在坚持原则的基础上团结协作，要从国家利益、集体利益出发，不可以团结的名义拉帮结派、搞小团体，甚至相互

包庇、奉行自由主义、取消批评和自我批评。

3. 爱护设备，安全操作

（1）爱护设备

1）合理安排设备工作负荷。物流服务师应根据各种设备的性能、结构和技术特点，合理安排设备工作负荷，使各种设备物尽其用，避免"大机小用""精机粗用"等现象。

2）规范设备使用要求。为了充分发挥设备的性能，使设备在最佳状态下运行，物流服务师应熟悉并掌握设备的性能、使用要点和维护保养技术。

3）创造良好的运作条件。在一般情况下，设备所处的工作环境应清洁整齐、通风良好；对于精密的机器设备，应对工作环境的温湿度控制、防尘、防震等有更严格的要求。

（2）安全操作。从业人员普遍缺乏安全知识和自我保护意识，是安全事故最大的受害者，而他们中的某些人又往往是事故的直接责任者。因此，物流服务师必须把安全操作作为最基本的职业道德内容，积极接受安全教育，树立"安全第一、预防为主"的自觉意识，从而形成一种注重职业安全的职业道德品质。

4. 保护环境，文明生产

（1）保护环境。作为一名企业员工，必须主动承担起推动生态文明建设、促进环境保护的义务和责任。要注重学习，提高认识，在工作时要注意控制现场的扬尘、纸箱、泡沫箱等对环境的污染与危害。在保证速度、安全等基本要求的前提下，通过科学管理和技术进步，最大限度地节约资源，减少对环境的负面影响。

（2）文明生产。文明生产是所有企业在生产过程中追求的重要目标，它直接关系到企业的信誉。对企业来说，维护和提高信誉靠的是提高服务质量和落实文明生产制度。文明生产需要全体从业人员共同努力，认真遵守法律和纪律的规定，严格按照安全操作规程从事劳动服务活动。从业人员应积极接受文明生产教育，其作用表现在：一是可以提高从业人员文明生产和服务的意识，二是可以提高从业人员职业安全卫生的自律意识，三是可以提高从业人员保护国家和人民生命财产安全的意识，四是可以提高从业人员自我保护的意识，五是可以提高管理者安全管理的意识。

职业模块 2
仓储与配送管理基础知识

培训课程 1 仓储与配送认知

一、仓储认知

1. 仓储的定义

"仓"即仓库,是指存放物品的建筑物和场地,可以是房屋建筑、洞穴、大型容器、特定场地等,具有存放和保护物品的功能。"储"即储存、储备,是指收存以备使用,具有收存、保管、交付使用的意思。

狭义的仓储仅指通过仓库等场所实现在库物品的储存与保管,是一种静态仓储。广义的仓储除了指对物品进行储存、保管,还包括物品在库期间的装卸搬运、分拣组合、包装刷唛、流通加工等各项增值服务,是一种动态仓储。

现代化仓储如图 2-1 所示。

图 2-1 现代化仓储

2. 仓储的作用

（1）整合装运。整合是指仓库接收来自一系列制造商指定送往某地的材料，然后把它们整合成单一的一票装运。通过整合，有可能实现最低的运输费率，并减少在收货站台处发生拥塞。

在这个过程中，每一个制造商把该仓库作为货运储备、产品分类和设施组装的地点。整合仓库可以由单独一家厂商使用，也可以由多家厂商联合使用。

（2）分类。分类作业接收来自制造商的客户组合订货，并把它们装运到指定的客户处。分类仓库或分类站把组合订货分类或分割成个别的订货，并安排当地的运输部门负责运送。由于采取长距离、大批量装运，所以运输成本相对较低，进行跟踪也相对容易。

交叉站台设施也具有类似的功能。交叉站台作业是先从多个制造商处运来整车的货物；收到产品后，有标签的产品按客户进行分类，没有标签的产品按地点进行分类；然后，产品"交叉"穿过"站台"，装上指定客户处的拖车，一旦该拖车装满产品，其就被放行运往目的地。

在此过程中，由于产品不需要储存，降低了在交叉站台设施处的搬运成本。此外，由于所有的车辆都进行了充分装载，有效利用了站台设施，站台装载利用率达到了最大限度。

（3）加工/延期。加工/延期是指某些仓库具备简单加工能力（包装、贴标签等）。例如，蔬菜可以在制造商处加工，制成上光罐头（上光罐头是指还没有贴上标签的罐头产品，但它可以利用上光贴上私人标签）。

加工/延期提供了基本经济利益。它将风险最小化，因为最后的包装要等到敲定具体的订购标签和收到包装材料时才能完成。此外，通过对基本产品（如上光罐头）使用各种标签和包装配置，可以降低存货水平。

（4）堆存。堆存提供了存货缓冲，使生产活动在受到材料来源和客户需求的限制下，也能提高效率。例如，雨伞、电风扇是常年生产的，但主要是在非常短的一段市场营销期内销售；农产品是在特定的时间内收获的，但底层的消费是常年进行的。企业一般根据生产和销售特点，提前对季节性商品进行收购和储备，做好货源堆存和组织工作，保证应季供应。

3. 仓库的类型

（1）按仓库的不同技术标准分类（见表 2-1）。

表 2-1　按仓库的不同技术标准分类

分类	图示
1）通用仓库。通用仓库又称普通仓库、综合仓库，一般是指具有常温保管、自然通风、无特殊功能的仓库。通用仓库根据商品性能一致、保养措施一致的原则，对商品进行分区分类管理。这类仓库不需要特殊的技术装备，在我国商业仓库中所占的比重较大	
2）专用仓库。专用仓库是一种配有冷藏、保温等设施的仓库，可以进行冷藏或恒温储藏。其适用于储存性能比较特殊且需要配置一定技术装备的商品，如食糖、果品、药材、禽畜肉等容易融化、霉变、腐烂且数量较大的商品	
3）危险品仓库。危险品仓库是一种配置特殊装备和相应消防手段，能对危险品起到一定防护作用的仓库。由于危险品具有易燃、易爆、有毒、有腐蚀性或有放射性等特性，严禁与一般物品混放。危险品仓库的主要任务是确保各类危险品的储存安全	

（2）按仓库的不同职能分类（见表 2-2）。

表 2-2　按仓库的不同职能分类

分类	图示
1）自存仓库。自存仓库是指储存物件的一类小型仓库，是随着人们多样化存储需求而出现的针对个人的迷你仓服务，属于 B2C 直接面向消费者销售产品和服务商业的零售模式商业服务。随着自存仓储细分业态的进一步完善，有专业做电商存储、红酒库房接送中心存储的自存仓库，也有适应商场、学校、医院、车站等领域需求的即时储物柜，使固定仓储成为移动柜体	
2）储备仓库。储备仓库主要用于储存常年生产、季节性销售的商品，或季节性生产、常年销售的商品。这类仓库可以设在商品运输的起点，也可以设在商品运输的终点。储备仓库对商品的养护要求较高	

续表

分类	图示
3）批发仓库。批发仓库主要储存商业批发部门收购的商品，然后向零售商品或其他商业批发部门陆续供应。根据购方单位的要求，一般需要办理商品的续配、拆零、分装、改装等业务。这类仓库储存的商品批次多，吞吐频率高，大多设在消费地	
4）零售仓库。零售仓库主要储存零售商店短期商品。零售部门从批发部门进货后，一般要进行拆包、检验、分类、分级、分装、改装等必要的加工活动。零售仓库一般设在零售商店内，规模大的零售商店可以在附近专设零售仓库，超级市场和大型零售商店还应视情况建立保证日常供货的配送中心	
5）中转仓库。中转仓库主要用于解决商品在运输途中换装运输工具而产生的仓储需要。中转仓库一般设在车站、码头附近	

（3）按仓库的不同隶属分类（见表2-3）。

表2-3 按仓库的不同隶属分类

分类	图示
1）商业企业附属仓库。商业企业附属仓库由商业企业的批发部门和零售部门直接负责，能密切配合销售，有利于商业企业开展业务活动；但这类仓库由一个商业企业独家使用，不利于充分发挥仓库的利用率	
2）商业物流企业附属仓库。商业物流企业附属仓库为多个商业批发企业和零售企业提供商品储存服务，是商业物流企业集中管理仓库的形式之一。由于多家共同使用仓库，仓库的利用率较高	

（4）按仓库的不同构造分类（见表2-4）。

表2-4 按仓库的不同构造分类

分类	图示
1）平房仓库。平房仓库的建筑物是平房，结构简单，高度一般不超过5 m。这类仓库建筑费用便宜，人工操作简单方便	
2）楼房仓库。楼房仓库是指建筑结构在两层或两层以上的仓库。这类仓库可以有效利用土地面积，进出库作业可以采用机械化或半机械化设备，作业成本相对较高	
3）高层货架仓库（立体仓库）。高层货架仓库是以高层货架为主组成的仓库。仓库本身是平房结构，内部货架层数较多，一般配备拣选式巷道堆垛起重机等自动化设备，可实现机械化和自动化操作	
4）柱式仓库。柱式仓库的构造呈柱形或球形，主要用来储存石油、天然气、液体化工产品等	
5）简易仓库。简易仓库构造简单，造价低廉，包括一些固定或活动的简易货棚等，一般是临时使用的仓库	

续表

分类	图示
6）露天仓库。露天仓库是指露天料场，以露天储存为主。这类仓库视实际需要设立围墙	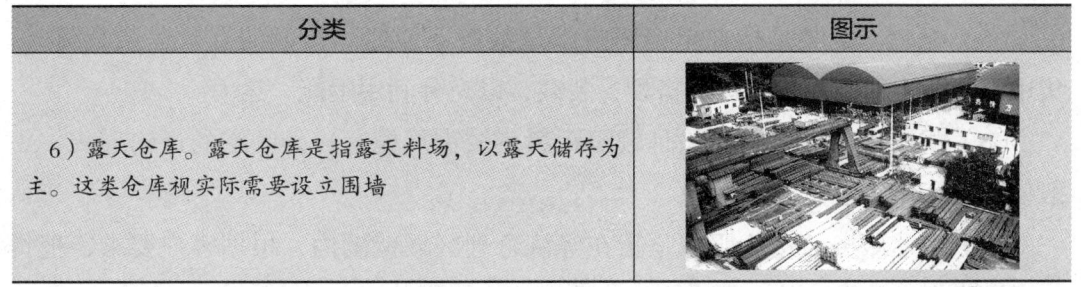

二、配送认知

1. 配送的定义

配送是指在经济合理范围内，根据客户要求对物品进行拣选、加工、包装、分割、组配等作业，并按时送达指定地点的物流活动。

配送是一种特殊的、综合的物流活动形式，是有组织、有计划的送货。其将商流与物流紧密结合起来，既包含商流活动，也包含物流活动中的若干功能要素，是物流的一个缩影或在较小范围内的物流活动。

配送通常是一种短距离、小批量、高频率的运输形式，它以服务为目标，以尽可能满足客户要求为优先。如果单从运输的角度看，它是对干线运输的一种补充和完善，属于末端运输、支线运输。市内配送主要采用汽车运输，具有城市轨道货运条件的可以采用轨道运输，对于跨城市的地区配送可以采用铁路运输或者在河道水域通过船舶运输。配送运输过程中，货物可能是从生产地仓库直接送至客户处，也可能是通过批发商、经销商或由配送中心、物流中心转送至客户处。

2. 配送活动的要素

配送活动包含集货、储存、分拣与拣选、配货、配装、配送运输、送达服务、流通加工等要素。

（1）集货。集货是将分散的或小批量的物品集中起来，以便进行运输、配送作业。

（2）储存。储存是指保护、管理、储藏物品。

（3）分拣与拣选。分拣是将物品按品种、出入库先后顺序进行分门别类堆放；拣选是按订单或出库单的要求，从储存场所选出物品，并放至指定地点。

（4）配货。配货是指使用各种拣选设备和传输装置，将存放的物品按客户要求分拣，配备齐全后送入指定发货地点。

（5）配装。配装是指在单个客户配送数量不能达到车辆的有效运载负荷时，集中不同客户的配送货物进行搭配、装载，以充分利用运能、运力。

（6）配送运输。配送运输是较短距离、较小规模、较高频率的运输形式，一般使用汽车作为运输工具。

（7）送达服务。送达服务是指在经济合理区域范围内，根据客户要求，把货物运送至指定地点，并办理客户验收手续的物流服务。

（8）流通加工。流通加工是指物品从生产地到使用地的过程中，根据需要进行包装、分割、计量、分拣、刷标志、贴标签、组装等作业的总称。

3. 配送的方式

配送的方式主要有整车运输、多点分运及快运。

（1）整车运输。整车运输是配送装运货物重量在 3 t 及以上；或者货物重量在 3 t 以下，但其性质、体积、形状需要一辆 3 t 及以上车辆一次或一批运输到同一目的地的运输。

整车运输中间环节较少、送达速度较快、运输成本较低，通常以整车为基本单位订立运输合同，以便充分体现其可靠、快速、方便、经济等特性。整车运输的基本程序如图 2-2 所示。

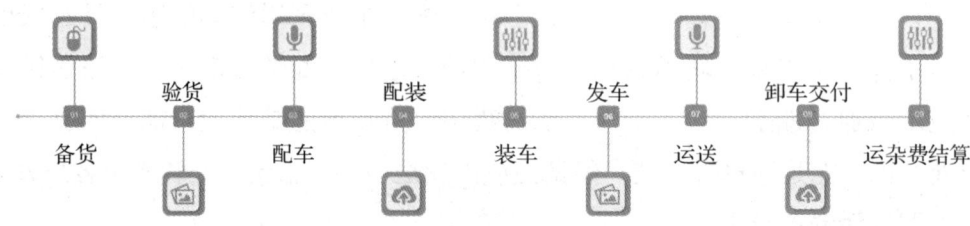

图 2-2 整车运输的基本程序

整车运输是一个多工种的联合作业，是社会物流中必不可少的重要过程。这一过程是货物运输的劳动者借助运输线路、运输车辆、装卸设备、站场等设施，通过各个作业环节，将货物从配送地点运送至客户地点的全过程。整车运输由四个相互关联又相互区别的过程构成，即运输准备过程、基本运输过程、辅助运输过程和运输服务过程。

（2）多点分运。多点分运是在保证满足客户要求的前提下，集多个客户的配送货物进行搭配装载，以充分利用运能、运力，降低配送成本，提高配送效率。多点分运可以采用以下四种线路。

1)往复式行驶线路。往复式行驶线路一般是指由一个供应点对一个客户专门送货,即配送车辆在两个物流结点间往复行驶的线路。从物流优化的角度看,其基本条件是客户的需求量接近或大于可用车辆的核定载重量,需专门派一辆或多辆车一次或多次送货。根据运载情况,往复式行驶线路可分为单程有载往复式线路、回程有载往复式线路、双程有载往复式线路。

2)环形行驶线路。环形行驶线路是指配送车辆在由若干物流结点组成的封闭回路上做连续单向运行的行驶线路。车辆在环形行驶线路上行驶一圈时,至少应完成两个运次的货物运送任务。由于不同运送任务装卸作业点的位置分布不同,环形行驶线路可分为简单环形行驶线路、交叉环形行驶线路、三角环形行驶线路、复合环形行驶线路。

3)汇集式行驶线路。汇集式行驶线路是指配送车辆沿分布于运行线路上的各物流结点依次完成相应的装卸任务,而且每一运次的货物装卸量均小于该车核定载重量,沿路装或卸,直到整辆车装满或卸空,然后再返回出发点的行驶线路。汇集式行驶线路可分为直线形线路和环形线路两类,其中汇集式直线形线路实质是往复式行驶线路的变形。汇集式直线形线路和汇集式环形线路都可分为分送式线路、聚集式线路、分送－聚集式线路。

4)星形行驶线路。星形行驶线路是指车辆以一个物流结点为中心,向其周围多个方向上的一个或多个结点行驶而形成的辐射状行驶线路。

(3)快运。快运具有送达速度快、配装手续简捷、实行承诺制服务、可随时进行信息查询等特点。快运业务操作的基本程序如图2-3所示。

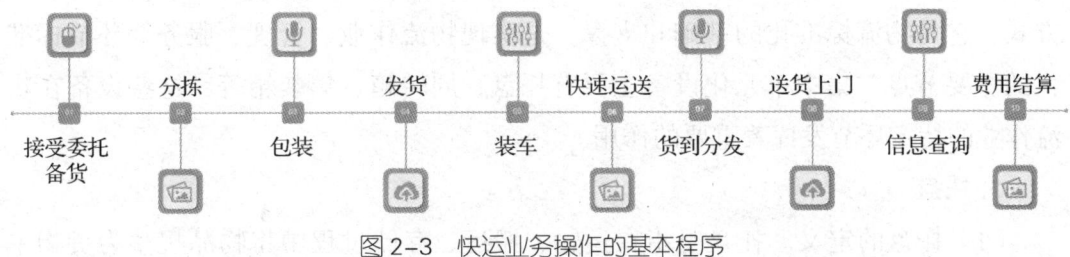

图2-3 快运业务操作的基本程序

快运的基本形式包括定点快运、定时快运、特快运输、联合快运。

培训课程 2

仓储设备

仓储设备是指仓库进行作业、辅助作业及保证仓库作业安全所必需的各种机械设备。现代仓储设备是提高仓库系统效率的主要手段、反映仓库系统水平的主要标志、构筑仓储系统的主要成本因素。

仓库内的设备根据其功能不同可以分为集装单元化设备、存储设备、搬运设备、分拣设备等。

一、集装单元化设备

物流作业对象是"物",而"物"是千奇百怪的。如果不对"物"通过物流包装进行规范和分类,物流作业将变得无比复杂。物流系统将难以互通,物流效率也难以得到提升。因此,物流中"物"的标准是物流最基础的标准,集装单元化是推动物流标准化的重中之重。

集装单元化是以集中单元为基础组织的装卸、搬运、储存、运输等物流活动方式。它是物流标准化的基础和支撑,是实现物流作业、管理、服务等环节标准化的重要节点。集中单元化设备主要有托盘、周转箱、集装箱等,这些设备在物流作业的特定环节发挥着重要的作用。

1. 托盘

(1)托盘的定义。托盘是指在运输、搬运、存储过程中将物品规整为货物单元时作为承载面并包括承载面上辅助结构的装置。

托盘的应用场景主要分为两种:一是在仓储环节作为货物的承载单元;二是在运输环节作为集装单元的载具。为有效解决淡旺季、冷热线路存在的托盘资源和场地空间闲置、购置资金和管理成本高昂等问题,应切实对托盘进行循环共用。

(2)托盘的新定位。托盘是货物运输最基本的承载单元,是仓储系统中最基本的储存单元，是现代物流中标准的移动地面，在整个物流系统中居于核心地位。

（3）托盘的种类。不同的托盘（见表2-5）都有其固有的优点和缺点，应根据不同场景选择合适的托盘。

表2-5 托盘的种类

	说明	图示
木托盘	木托盘具有制作简单、成本低廉、可修复性强的优点，但木托盘易生虫、易发霉，需要对木质原材料进行严格的高温熏蒸等加工处理，在对卫生要求比较高的食品药品行业，其适用性方面有着明显的缺陷	
塑料托盘	塑料托盘分为吹塑托盘和注塑托盘两种。优点是易清洗，牢固程度较好，应用广泛；缺点是受高低温影响比较大，容易褪色、变脆，在冷链环境中的适用性相对较差。目前部分厂家采用在塑料托盘内部加装金属加强杆的方式进行性能改进	 吹塑托盘  注塑托盘
金属托盘	1）钢托盘。钢托盘耐脏，易清洗，承载能力强，受环境温度影响小；但其自重太大，不便搬运，且对货架等设备的要求较高 2）铝合金托盘。铝合金托盘重量约为钢托盘的1/3，承载能力、耐磨与耐腐蚀能力强，外形简洁美观；缺点是成本太高，难以大规模使用	

（4）托盘标准化

1）托盘的常见规格。托盘的常见规格有 1 200 mm × 1 000 mm，1 100 mm × 1 100 mm，1 200 mm × 800 mm 这三种。1 200 mm × 1 000 mm 规格的托盘主要用于欧美国家，1 100 mm × 1 100 mm 的托盘主要用于日本。随着托盘在我国的日益广泛应用，其尺寸逐渐统一、实现标准化，1 200 mm × 1 000 mm 成为优先选择的规格。

2）托盘标准化的实际意义

①托盘标准化可以实现物流系统的互联互通。标准托盘在各个物流环节系统中能够通用，从而为标准托盘循环共用奠定基础。

②托盘标准化可以减少无效的搬运，实现一贯化运输，提高作业效率，降低物流成本。

③托盘标准化可以使商品在设计和堆码时充分考虑物流环节，实现包装的标准化，达到保护货物品质、减少货损的目的。

④托盘标准化能够带动周边产业（如集装器具、仓储设备、运输设备等）的标准化发展，产生显著的社会效益和经济效益。

2. 周转箱

（1）周转箱的定义。周转箱也称物流箱，是广泛运用于物流运输、配送、存储、流通等环节的单元化设备。

（2）周转箱的作用及适用范围。周转箱能够帮助企业进行物流容器的通用化、一体化管理，是生产及流通企业进行现代化物流管理的必要设备。

（3）周转箱的分类。按周转箱的结构和特点，可将周转箱分为表2-6中的三类。

表2-6　周转箱的分类

说明	图示
1）可堆叠式周转箱。应用广泛、结构简单、承载力强、价格低廉；但其占用的空间比较大，空箱运输和回收成本较高	

说明	图示
2）斜插式周转箱。利用特殊的结构实现周转箱的交叠，节省空箱的堆放空间；但箱体主要为斗形，实际承载空间无法得到充分利用	
3）折叠式周转箱。空箱时可折叠，折叠后具有重量轻、占地少的优点，且组合方便；但其价格偏高	

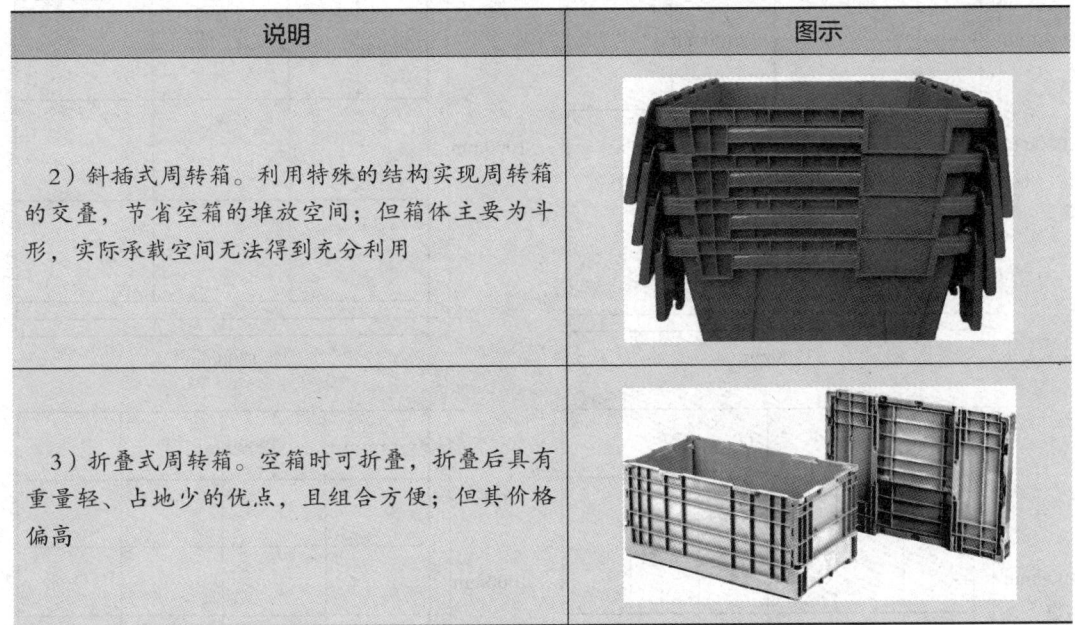

（4）周转箱的模数尺寸。目前我国主要推行的周转箱模数尺寸是 600 mm × 400 mm。周转箱的运输主要是使用托盘承载，600 mm × 400 mm 的周转箱在 1 200 mm × 1 000 mm 托盘上正好能够采用一层五箱的摆放方式，也可以匹配 400 mm × 300 mm、400 mm × 200 mm、300 mm × 200 mm 等模数尺寸，如图 2-4 所示。

3. 集装箱

（1）集装箱的定义。集装箱是一种运输设备，具有足够的强度，可反复使用，适用于多种运输方式。途中转运时，集装箱内的货物不需要转箱，具有快速装卸和搬运的特点，特别是运输方式发生改变时，其便利性尤其突出。一般来说，集装箱的容积都能达到 1 m³ 以上。

（2）集装箱的特点

1）集装箱的强度高，保护、防护能力强。

2）集装箱本身是一个小型的存储仓库，承载货物量较大。

3）集装箱可以重叠堆垛，有利于提高单位面积的储存数量。

4）集装箱具备标准化装备的一系列优点，如它的尺寸、形状等都有一定的标准，便于对专用货物和陈列设施做出规划，可统一装卸，也可采用标准化的运输工具，简化装卸的工艺，通用性、互换性都比较强。

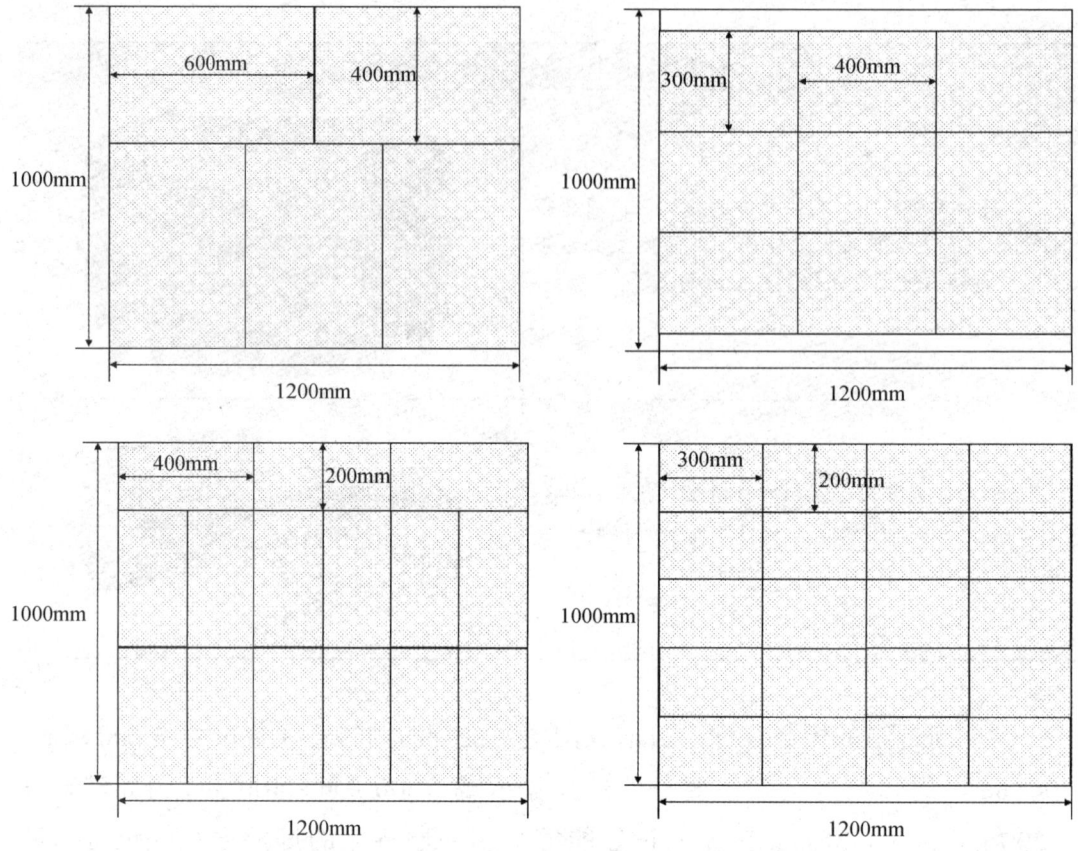

图 2-4 各规格周转箱在托盘上的码放示意图

（3）集装箱的分类

1）集装箱按用途分，可以分为通用集装箱和专用集装箱。

①通用集装箱（见图 2-5）又称杂货集装箱，应用广泛，适用于装载除散装、液态、需要调节温度等货物以外的各类杂货。

②专用集装箱根据其特性不同，可以分为保温集装箱（冷藏集装箱和低温恒温集装箱）、通风集装箱、散货集装箱、罐式集装箱、汽车集装箱等，详见表 2-7。

图 2-5 通用集装箱

2）集装箱按构成材料分，可分为钢质集装箱、铝合金集装箱、玻璃钢集装箱、不锈钢集装箱，详见表 2-8。

表 2-7 专用集装箱的分类

说明	图示
①保温集装箱：冷藏集装箱以冷链运输食品为主，是能够保持所设定温度的一种绝热集装箱，适合于装载要求保持一定温度的冷冻货物或低温货，如鱼、肉、水果、蔬菜等食品，也可以装载某些化工品或危险品等	
低温恒温集装箱又称隔热集装箱，具有充分隔热结构。它是为运输水果、蔬菜等货物，防止温度上升过快，以保持货物新鲜的集装箱	
②通风集装箱的侧壁或端壁设置若干个装有铅丝网罩、箱外部可以进行开闭操作的通风口，适合于装卸不需冷藏而需通风的水果、蔬菜等货物	
③散货集装箱是指顶部设有装货口，底部设有出货口，主要用于装运无包装的固体颗粒状和粉状货物的集装箱，常用于装载煤炭、粮食，也可装载各种饲料、树脂、硼砂、水泥等	
④罐式集装箱是为运输食品、药品、液态化工品、气态液化品等货物而制造的特殊集装箱。罐箱由罐体和箱体框架两部分组成，其基本结构是在一个金属框架内固定一个罐体。如条件适合，罐式集装箱也可以用来装运干散货	

续表

说明	图示
⑤汽车集装箱是用来运输各种类型汽车的特种集装箱。一般情况下，汽车采用平铺装箱方式。汽车集装箱装有汽车支架，以便充分利用集装箱内部空间，装入多辆汽车，降低单车运输成本	

表 2-8　按构成材料分类的集装箱

说明	图示
①钢质集装箱是用钢材制成的集装箱，强度大，价格低，但重量大，防腐性能较差	
②铝合金集装箱是用铝合金型材和板材制成的集装箱，特点是重量轻，箱体尺寸不大，但造价高，其在航空集装箱领域使用较多	
③玻璃钢集装箱是用玻璃纤维和合成树脂混合在一起制成较薄的加强塑料，用黏合剂粘在黏合板的表面形成玻璃钢而制成的，具有隔热性好、易清扫等特点	
④不锈钢集装箱与钢质集装箱相比，重量轻，防腐性能更好	

3）集装箱按箱体构造分，可以分为以下类别。

①根据侧挂和端柱的位置不同，可分为内柱式和外柱式。

②根据箱体构建的可组合性不同，可分为折叠式和固定式。

③根据集装箱的联结方式不同，可分为预制骨架式和薄壳式。

④根据集装箱的内部构件不同，可分为抽屉式和隔板式。

4）其他类型的集装箱（见表2-9）。

表2-9 其他类型的集装箱

说明	图示
①开顶式集装箱又称敞顶式集装箱，防水性较差。此类集装箱箱顶采用可折叠式或可拆式顶梁作为支撑，由帆布、塑料布组成可拆卸顶篷，适用于装载超高货物或需要从箱顶部吊入的玻璃板、钢制品、机械类等大（重）件货物	
②台架式集装箱是指箱体设有承受载荷的四个角柱，但箱顶、侧壁和端壁可以拆除或根本不设的一种非水密集装箱，适用于装载一定限度超标准箱尺寸的货物，如钢材、木材、机械设备等	
③平台式集装箱是台架式集装箱的简化版，四个角柱被去除或可折叠，主要由具有较强承载能力的下底板组成。在集装箱船的舱面上，若将多个平台式集装箱组成一个大平台，适合装载笨重或长、大件货物	

（4）集装箱物流装卸搬运系统（见图2-6）。集装箱船通过码头前沿的装卸机械（如岸边集装箱起重机等）将集装箱调进调出，进行装船和卸船作业。水平运输机械完成码头前沿堆场和拆装箱库之间的水平运输任务，而堆场机械则用来完

成集装箱的堆码和拆垛。通常船到车或车到船的集装箱物流都是通过堆场进行中转的，若条件允许也可以直接船到车或车到船。为了满足客户对集装箱物流服务的多种需求，有时需要将集装箱送入拆装箱库进行拆箱、分箱重组。

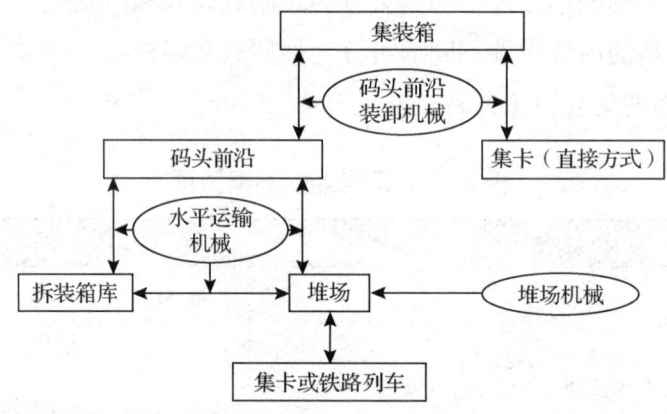

图 2-6　集装箱物流装卸搬运系统

集装箱物流装卸搬运设备可以分为集装箱的码头前沿装卸机械、水平运输机械和堆场机械。因为不同机械的组合方式不同，所以集装箱船舶在港口的装卸形式分为吊上吊下和滚上滚下两类。

二、存储设备

存储设备主要是指货架，货架是用支架、隔板或托架组成的立体存储货物的设备。随着各行各业对物流重视程度的提高和自动化仓库数量的增加，货架对实现仓库的现代化管理、改善仓库的功能具有重要的作用。货架主要有以下几类。

1. 轻型、中型、重型货架

按照货架的承重能力可以分为轻型货架、中型货架和重型货架，如图 2-7 所示。每层货架的载重在 150 kg 以下的，为轻型货架，如超市货架；每层货架的载重达到 150~500 kg 的，为中型货架；每层货架的载重达到 500 kg 以上的，为重型货架。

轻型货架

中型货架

重型货架

图 2-7　按承重能力分类的货架

2. 流动式货架

流动式货架又称流利式货架，货架的一侧通道用于存货，另一侧通道用于取货，货物放在滚轮上。货架向取货方向略微倾斜，倾斜角度可根据实际情况确定。利用货物重力使货物向出口方向自动下滑，以待取出。根据载荷大小，流动式货架可分为托盘流动式和容器流动式两种，托盘流动式货架（见图2-8）的存储空间比一般托盘货架的储存空间多50%左右，容器流动式货架（见图2-9）适用于小批量、多品种的拣取作业。

图2-8 托盘流动式货架

图2-9 容器流动式货架

流动式货架的特点主要表现在：用于大量储存和短时发货的货物；用于先进先出的货物；安装快，易搬动；人工拣取方便，可安装显示器，可实现计算机辅助拣货作业；空间利用率可达到85%；适用于一般叉车小批量、多品种的拣取作业；高度受限，一般在6 m以下。

3. 立体货架

立体货架按货架的高度分类，可以分为低层货架、中层货架和高层货架。低层货架一般适用于高度在5 m以下的仓库；中层货架高度一般在5~15 m，可以用于立体仓库；高度在15 m以上的高层货架用于立体仓库。

在用地越来越集中的情况下，必须有效提高单位面积的存储容量，新型的密集存储货架（见图2-10）应运而生。密集存储货架多用于存储货物量较大、对仓库的存储量要求较高的物流公司。

（1）密集存储货架的特点

1）可以有效利用仓库空间，实现仓库的仓储能力最大化。

2）采用多层货架进行仓储作业，能够根据货物的体积进行货架层数安置。

图 2-10　密集存储货架

3）采用单体货架组合结构形式，因此每层货架都是相对独立的。密集存储货架安装时，可以根据仓库的大小调整货架的数量。

4）货架具有自动伸缩功能，能够根据需要调节存储空间的大小。

（2）密集存储货架的出入库方式

1）传统重力式密集存储货架利用物体的重力来实现商品的先进先出。

2）动力式密集存储货架依靠链条等输送设备来实现商品的出入库。

3）穿梭式密集存储货架，通过在货架下方增加穿梭板实现商品的出入库。

4. 旋转货架

旋转货架是将货架上的货物送达拣货点，再由人或机械将所需的货物取出，拣货路线较短，操作方便。旋转货架主要用于以分拣为目的的小件货物存取，分拣多品种的货物较为方便，其占地面积小、存储密度大、利于管理。旋转货架的货格一般有货架式、盘式、抽屉式等。

旋转货架可分为整体旋转货架（分为水平旋转和垂直旋转，见图 2-11）和分层旋转货架（见图 2-12）。分层旋转货架的每一层设置一个驱动装置，形成各层独立的旋转体系。

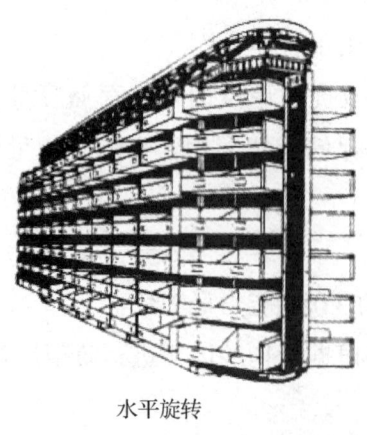 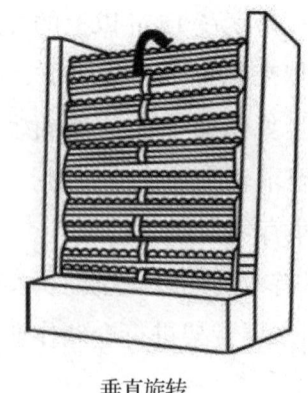

水平旋转　　　　　　　　垂直旋转

图 2-11　整体旋转货架

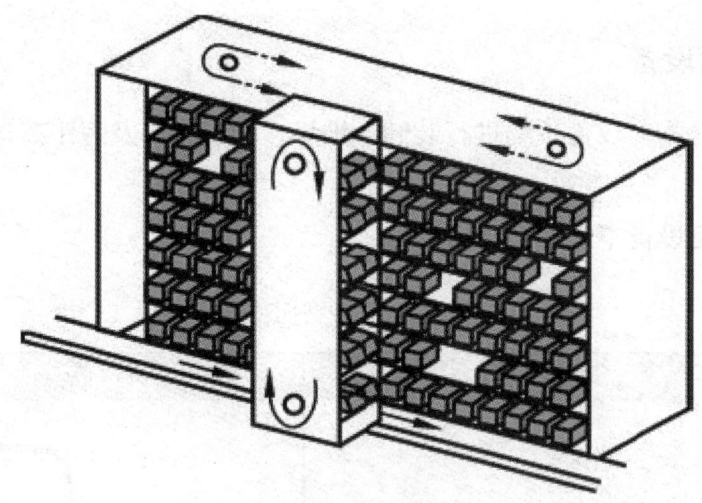

图 2-12　分层旋转货架

5. 悬臂式货架

悬臂式货架的结构类似树枝，因此也称树枝形货架，如图 2-13 所示。悬臂式货架由中间立柱向两侧或者双侧伸出悬臂而成，悬臂有固定式和可调节式，一般用于存储长、大件货物或者形状不规则的货物，如圆钢、型钢、木板、地毯等。其前伸的悬臂具有结构轻巧、载重能力佳等特点。如果增加隔板，特别适合空间小、高度低的库房。一般库房高度以 6 m 以下为宜，空间利用率较低，一般为 30%~50%。这种货架可采用起重机械进行起吊作业，一般采用侧面叉车或者堆垛机进行作业。

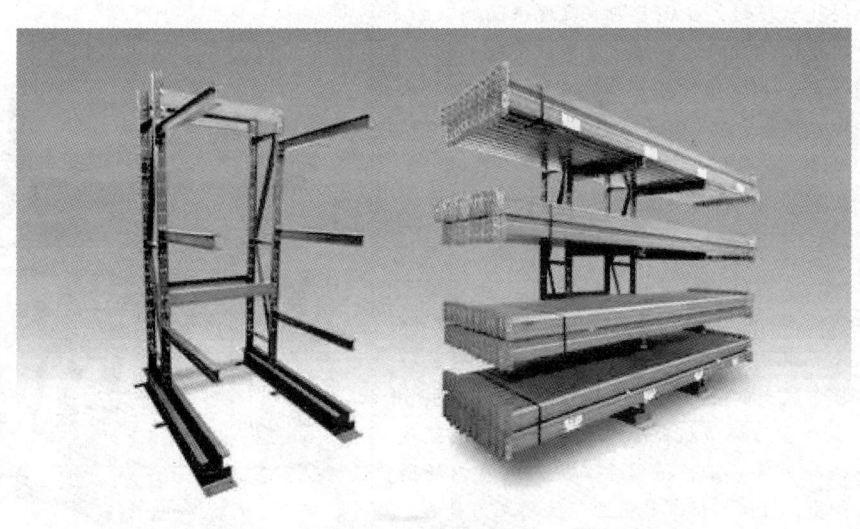

图 2-13　悬臂式货架

三、搬运设备

搬运设备是指对成件货物进行装卸、堆垛、牵引,以及短距离运输作业中的各种轮式车辆。

1. 常规搬运设备(见表2-10)

表2-10 常规搬运设备

说明	图示
(1)手推车。手推车是一种以人力为主运输货物的搬运车。手推车的特点表现在:在短距离搬运较轻物品时比较方便;能在机动车辆不便使用的地方工作;自重轻,造价低廉;维护简单,操作方便。手推车广泛适用于厂区、餐饮业、图书馆等场所的货物搬运	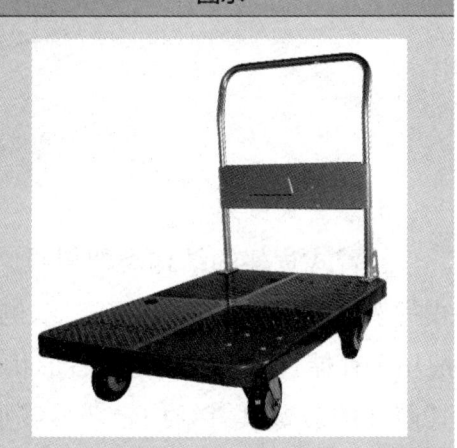
(2)手动托盘搬运车。手动托盘搬运车是用其叉具将地面上的托盘托起,在规定场地实现平面移动的小型搬运车。手动托盘搬运车作业地面应坚硬、相对水平、表面平整,其适用于短距离水平搬运且低频次、低高度升降的作业场所,作业操作灵活、占地小	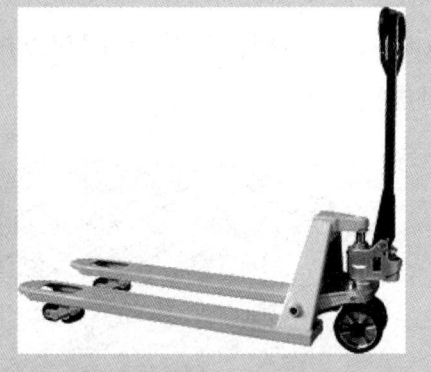
(3)电动叉车。电动叉车一般泛指以电为动力进行作业的叉车,其中普遍使用蓄电池为能量储存装备。电动叉车具备较大的灵活性且操作起来非常简便,并且能够在多个操作环节极大降低作业人员劳动强度,作业操作洁净、噪声小,适用于工况好的室内场所,在仓储及食品、轻纺、烟草等行业中使用尤为普遍	

续表

说明	图示
（4）堆高车。堆高车是指对成件托盘货物进行装卸、堆高、堆垛和短距离运输作业的各种轮式搬运车辆。 堆高车广泛应用于工厂车间、仓库、港口、车站、机场、货场等，并可进入船舱、车厢和集装箱内进行托盘货物的装卸、搬运作业，是托盘运输、集装箱运输必不可少的设备	
（5）提升机。提升机是连续提升货物的机械，按照不同的标准可分为：散货提升机用于运送如煤块、矿石、沙子、石头等块状、粉状和粒状货物；容积物用提升机用于运送具有一定容积能力的物品（如箱类、袋装物、托盘）；固定式提升机永久性固定安装在某一位置；移动式提升机可以搬动到其他位置；轻便提升机可通过人力或者机器搬运	 散货提升机  固定式提升机

2. 自动导引运输车

自动导引运输车（automated guided vehicle，AGV）是指具有自动导引装置，能够沿设定的路径行驶，具有编程和停车选择装置、安全保护装置，以及各种物品移载功能的搬运车辆。一般以电池为动力，装有非接触导航装置，能在计算机监控下按路径规划和作业要求精确地行走并停靠在指定地点，完成一系列作业任务。

（1）AGV的特点

1）融合多学科知识，集智能信息处理和图像处理为一体，是涉及计算机自动控制、信息通信、机械设计、电子技术等多个学科的物流自动化装备。

2）以轮式移动为特征，具有行动快捷、工作效率高、结构简单、可控性强、安全性好等优势。

3）与物料输送中常用的其他设备相比，AGV的活动区域无须铺设轨道、制作架等固定装置，不受场地、道路和空间的限制，能实现高效、经济、灵活的无人化生产。但一般需多台AGV配合其他软硬件系统，构成AGVS才能真正发挥其优势。

 **相关链接**

什么是AGVS？

AGVS（automated guided vehicle system）是指AGV在中央控制计算机的管理下协调供货，应用其他物流设备高度集成，可以通过车载计算机和网络主机与其他设备进行通信的自动化物料输送系统。AGVS是当今柔性制造系统和自动化仓储系统中物流搬运的主要手段。

（2）AGV的分类。AGV可以按六种不同的分类方式进行分类，如图2-14所示。

1）AGV按导引路径分类，可分为固定路径导引AGV和自由路径导引AGV。

固定路径导引是指在固定的路线上设置信息媒介物自动导引搬运车，通过检测信息得到正确的导引方式。电磁导引通过在AGV的行驶路径上埋设金属导线，并加载低频、低压电流，使导线周围产生磁场，AGV上的感应线圈通过对导航磁场强弱的识别和跟踪，实现AGV的导引。磁带导引是在路面上贴磁带，通过磁感应信号实现导引。光学导引是在AGV的行驶路径上喷漆或粘贴色带，通过对摄像机采入的色带图像信号进行简单处理而实现导引，这是常用的导引方式。

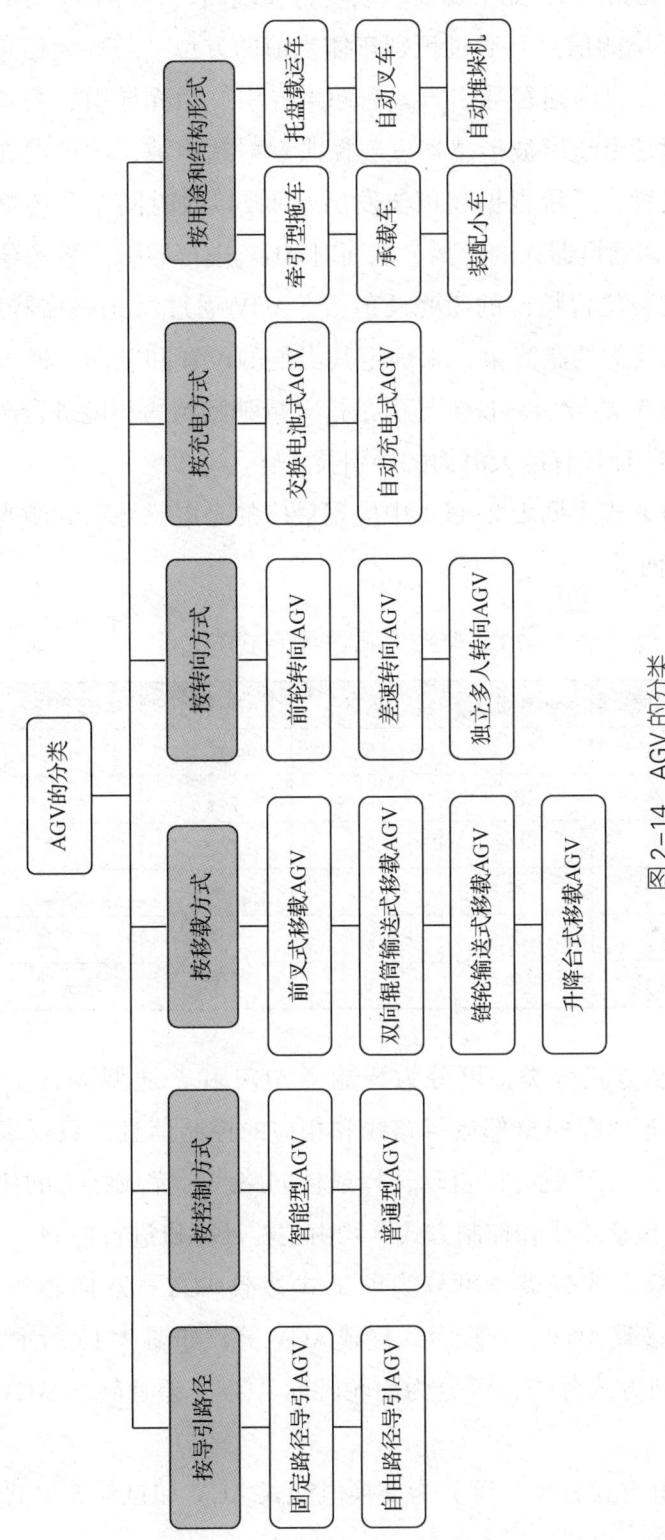

图 2-14 AGV 的分类

自由路径导引是指 AGV 能根据要求改变行驶线路，这种导引方式的原理是在 AGV 上储存作业环境的信息，通过识别车体当前的方位，与环境信息相对照，自主决定路径。通常，自由路径导引方式有超声导引、激光导引、视觉导引等。超声导引的工作原理是由超声波传感器发射探头发射超声波，超声波在介质中遇到障碍物返回接收装置，系统根据超声波发出/回波接收时间差及传播速度计算出传播距离，即障碍物到机器人的距离，从而对 AGV 进行导引。激光导引是在 AGV 行驶路径的周围安装位置精确的激光反射板，AGV 通过激光扫描器发射激光束，同时采集由反射板反射的激光束，来确定其当前的位置和航向，通过连续的三角几何运算来实现 AGV 的导引。视觉导引是指对行驶区域的环境进行图像识别，实现智能导引，这是一种具有巨大潜力的导引技术。

AGV 不同导引方式（见表 2-11）中应用最广的是电磁导引和激光导引，视觉导引有很好的发展前景。

表 2-11　AGV 不同导引方式的对比

技术名称	成熟度	技术难度	成本	应用	先进性	前景
电磁导引	成熟	中	低	广	一般	较好
磁带导引	成熟	低	低	较广	一般	好
光学导引	成熟	中低	低	较广	一般	较好
超声导引	较成熟	高	中	少	一般	一般
激光导引	较成熟	高	高	广	较先进	好
视觉导引	不成熟	高	高	少	较先进	很好

2）AGV 按控制方式分类，可分为智能型 AGV 和普通型 AGV。智能型 AGV 配有车载计算机，车内存储全部运行路线和相应的控制信息，只要事先设定起始点和要完成的任务，AGV 就可以自动选择最佳的路线，完成指定的任务。普通型 AGV 的所有功能（包括路线和控制方式）均由主控计算机进行控制。

3）AGV 按移载方式分类，可分为前叉式移载 AGV、双向辊筒输送式移载 AGV、链轮输送式移载 AGV、升降台式移载 AGV 等，如图 2-15 所示。

4）AGV 按转向方式分类，可分为前轮转向 AGV、差速转向 AGV、独立多人转向 AGV 等。

5）AGV 按充电方式分类，可分为交换电池式 AGV 和自动充电式 AGV，自动充电式 AGV 较为常用。

 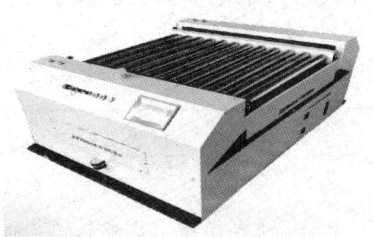
前叉式移载AGV　　　　　双向辊筒输送式移载AGV

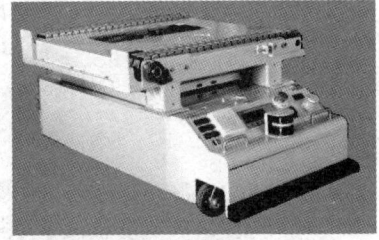 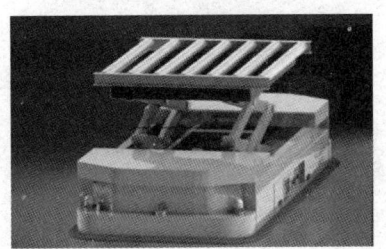
链轮输送式移载AGV　　　升降台式移载AGV

图 2-15　按移载方式分类的 AGV

6）AGV 按用途和结构形式分类，可分为牵引型拖车、托盘载运车、承载车、自动叉车、装配小车、自动堆垛机等。

四、分拣设备

1. 自动分拣机

自动分拣机（见图 2-16）主要用来将需要分拣的货物分发到规定场地进行分流处理。由于分拣对象不同，对分拣方式、分拣速度、分拣口数量的要求也不同。

图 2-16　自动分拣机

分拣机的种类很多，主要包括钢带式分拣机、胶带式分拣机、托盘式分拣机、翻板式分拣机、浮出式分拣机、悬挂式分拣机、滚柱式分拣机，见表2-12。

表2-12 常用的分拣机

说明	图示
（1）钢带式分拣机是利用输送钢带载运货物完成分拣工作的机械设备，其主体是整条的钢带输送机，按带的设置形式分为平钢带式和斜钢带式两种类型	
（2）胶带式分拣机的主体是分段的胶带输送机。胶带输送机具有结构简单、价格便宜、技术成熟等优点。胶带输送机可分为横向推出式胶带分拣机、斜行胶带分拣机、斜置滚轮式胶带分拣机和转台式胶带分拣机	
（3）托盘式分拣机应用十分广泛，主要由托盘小车、驱动装置、牵引装置等构成。其中托盘小车的类型多种多样，包括平托盘小车、U形托盘小车、交叉带式托盘小车	
（4）翻板式分拣机的用途较为广泛，它是由一系列相互连接的翻板、导向杆、牵引装置、驱动装置、支撑装置等组成的	

续表

说明	图示
（5）浮出式分拣机是把物料从主输送机上托起，从而将物料引导出主输送机的一种结构形式	
（6）悬挂式分拣机是用牵引链或钢丝绳做牵引件的分拣装备，分为推式悬挂和固定悬挂两种。推式悬挂分拣机具有线路布置灵活、允许线路爬升等优点，普遍用于货物分拣和储存业务中。固定悬挂分拣机在分拣时，货物夹在吊车的夹钳中，通过编码装置控制，由夹钳释放机构将货物分拣到指定的搬运小货车或拣滑道上	
（7）滚柱式分拣机每组滚柱一般由3~4个滚柱组成，与物料宽度或长度相当，均具有独立的动力，可以根据物料的存放和分录要求，由计算机控制各组滚柱的转动或停止，一般适用于包装良好、地面平整的箱装货物，其分拣能力较强，但结构复杂，价格较高	

2. 分拣机器人

（1）分拣机器人的含义。分拣机器人（见图2-17）是一种具备传感器、物镜和电子光学系统的机器人，可以快速进行货物分拣。

小黄人分拣机器人

快仓分拣机器人

马路创新分拣机器人

图2-17 分拣机器人

（2）分拣机器人的工作原理。分拣机器人都会听从"大脑"——机器人调度系统的指挥。机器人成功领到货物后，穿过配有工业相机、电子秤等外围设备的龙门架。借助相机读码功能和电子秤称重功能，"大脑"识别快递面单信息，完成货物的扫码和称重。根据货物目的地规划出机器人的最优运行路径，调度机器人进行货物分拣投递。每个投递口对应不同的目的地，货物被机器人投递后，通过斜坡通道汇集，等待被运往下一站。其工作场景如图2-18所示。

图2-18 分拣机器人工作场景

（3）分拣机器人的优点。分拣机器人不仅能够进行装载、搬运、分拣，代替工人完成物料的加工、分拣、包装、搬运等工序，还能实现重建、自主规划行走路线，轻松识别物体，可以连续稳定高效地工作，为企业提升运营效率，节省人力成本和管理成本，促进企业发展。

培训课程 3
仓储企业岗位设置

一、仓储企业组织结构的设计原则

1. 结构合理

组织结构在很大程度上决定了企业的运作效率。仓储企业应该在服从经营需要的前提下，因事设机构、设职，因职用人，尽量减少不必要的机构和人员，力求精兵简政，以达到组织结构设置的合理化，提高工作效率。同时，各级组织结构要有明确的职责范围、权限及相互间的协作关系；具有健全和完善的信息沟通渠道；制定合理的奖惩制度，发挥职工主动性和积极性。

2. 权责分明

在仓储企业管理层次设计中，各层次的机构要形成一条职责、权限分明的等级链，不得越级指挥与管理。同时也要注意保证各组织结构在职责和权限范围内能够独立行使权力，发挥各级组织结构的主动性和积极性。

3. 利于沟通

仓储企业组织结构的设置既要便于企业内部各部门之间的沟通，也要便于与企业外部、与客户之间的沟通。

4. 协调一致

所有组织结构都应该在一个目标的基础上协调作业活动，以期达到最佳的效果。运输、仓储、流通加工、存货控制等部门都要把自己看成组成系统的一个部分。

5. 效率效益

仓储企业的组织结构应同时强调管理运作的高效率和经营运作的高效益，单独强调某一方面，都是与物流中心的经营目标相背离的。

6. 客户优先

仓储企业组织结构的设立既要考虑企业内部机构设置的合理性，也要考虑机构设置对客户的影响。越来越多的仓储企业为某一行业或连锁企业提供专有的物流服务。客户业务特点及组织结构的特征是物流中心设置组织结构的重要考虑因素。

仓储企业在建立组织结构时，应结合上述六大原则，并充分考虑自身特点，做到"量体裁衣"，实现经营目标。

二、仓储企业组织结构的基本类型

组织结构是表明组织各部分排列顺序、空间位置、聚散状态、联系方式及各要素之间相互关系的一种模式，是整个管理系统的"框架"。组织结构是在职务范围、责任、权利方面形成的结构体系，它的本质是为实现组织战略目标而采取的一种分工协作体系。同时，组织结构必须随着组织的重大战略调整而调整。

常见的组织结构分为直线型组织结构、职能型组织结构、直线职能型组织结构、矩阵型组织结构、事业部型组织结构和模拟分权制组织结构。

1. 直线型组织结构

直线型组织结构（见图2-19）是较早使用也是较简单的一种结构，是一种集

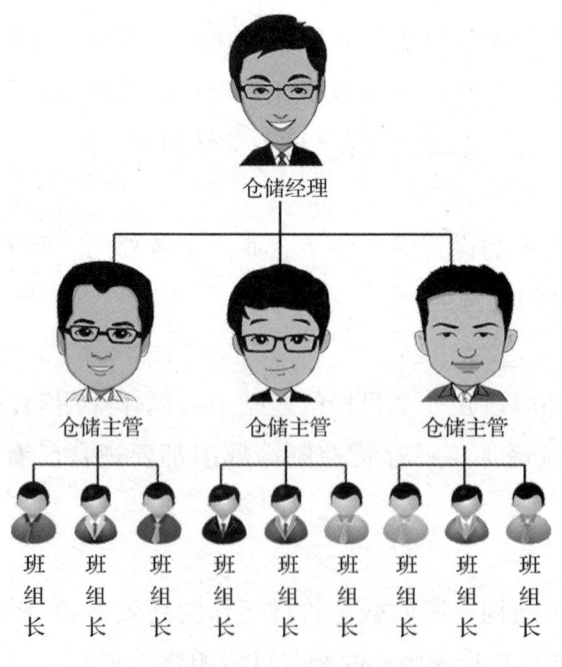

图 2-19　直线型组织结构

权式的组织结构形式，又称军队式结构。组织中各种职位按垂直系统直线排列，各级行政负责人执行统一指挥和管理职能，不设专门的职能机构。

直线型组织结构的结构比较简单，权责分明，命令统一。它要求行政负责人通晓多种知识和技能，亲自处理各种业务。这种组织结构一般只适用于规模小、生产过程简单的企业，不适用于管理任务繁重复杂的大规模的现代化生产企业。

2. 职能型组织结构

职能型组织结构（见图 2-20）也称 U 形组织结构，以工作方法和技能作为部门划分的依据。现代企业中许多业务活动都需要有专门的知识和能力，通过将专业技能紧密联系的业务活动归类组合到一个单位内部，可以更有效地应用专业技能进行业务活动的开展，提高工作效率。

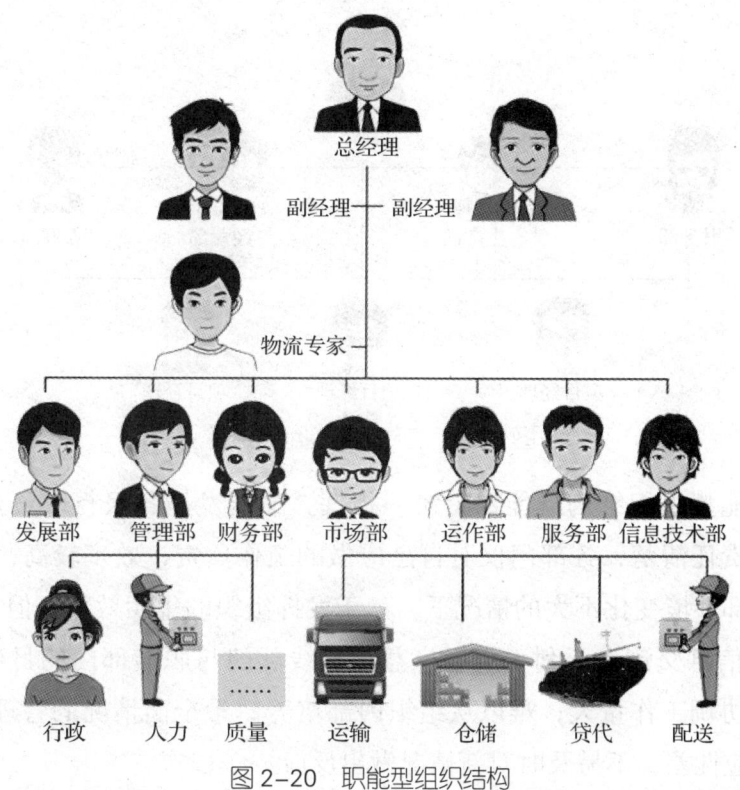

图 2-20 职能型组织结构

职能型组织结构按职能或业务性质分工管理，选聘专业人才发挥专业特长；利于业务专精，思考周密，提高管理水平；能充分发挥职能机构的专业管理作用，减轻直线管理人员的工作负担。但其会妨碍必要的集中管理和统一指挥，形成多头管理，不利于建立健全的各级行政负责人和职能科室的责任制；另外，在上级行政负责人和职能机构的命令发生矛盾时，下级无所适从，影响工作的正常开展。

3. 直线职能型组织结构

为了充分发挥直线型组织结构和职能型组织结构的优点，逐步形成了另一种组织结构——直线职能型组织结构（见图2-21）。该组织结构的特点是：以直线型为基础，在各级行政负责人之下设置相应的职能部门，分别从事专业管理，实行主管统一指挥与职能部门参谋、指导相结合的组织结构形式。职能部门拟订的计划、方案，以及有关指令，统一由直线管理者批准下达，职能部门无权直接下达命令或进行指挥，只起业务指导作用，各级行政负责人实行逐级负责，实现高度集权。

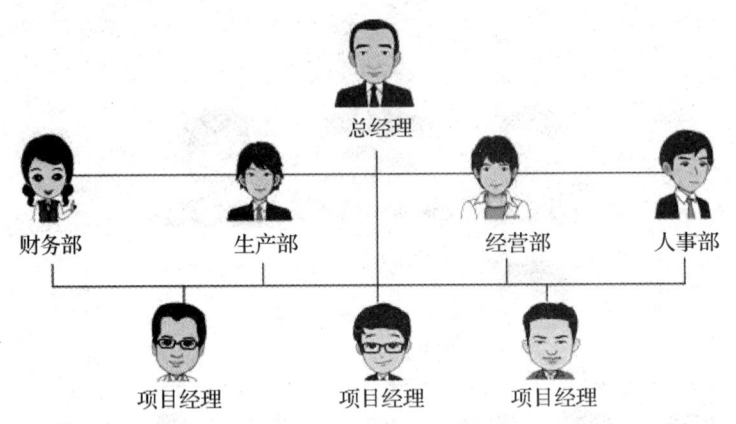

图2-21　直线职能型组织结构

直线职能型组织结构既能保持统一指挥，又能发挥各级行政负责人的作用；分工精细，责任清楚，各部门仅对自己应做的工作负责，效率较高；组织稳定性较高，在外部环境变化不大的情况下，易于发挥组织的集团效率。但在该架构下，部门间缺乏信息交流，不利于集思广益；直线部门与职能部门的目标不易统一，上层主管的协调工作量大；难以从组织内部培养熟悉全面情况的管理人才；系统刚性大，适应性差，不易及时对新情况做出反应。

4. 矩阵型组织结构

矩阵型组织结构（见图2-22）是由纵横两套管理系统组成的，一套是纵向的职能管理系统，另一套是为完成某一任务而组成的横向项目系统。也就是既有按职能划分的垂直管理系统，又有按项目划分的横向管理系统。

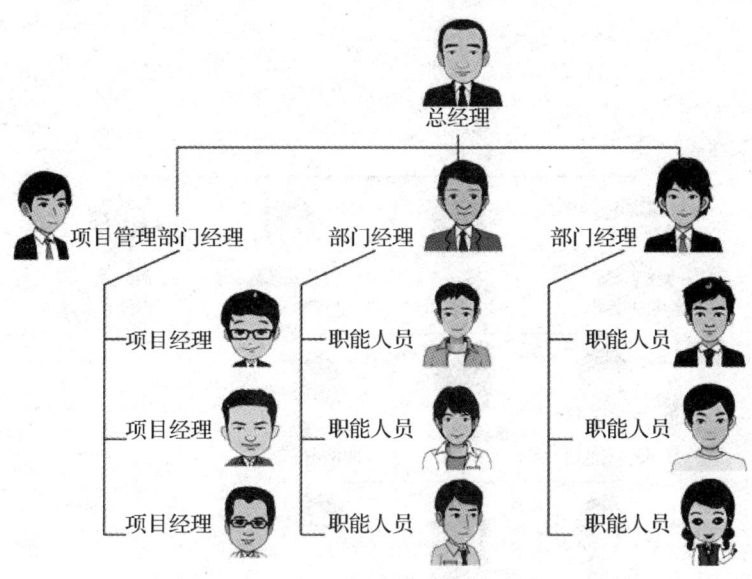

图 2-22 矩阵型组织结构

矩阵型组织结构机动、灵活，可随项目的开发与结束进行组织或解散；项目组织的任务清楚，目的明确，各方面有专长的人都是有备而来；加强了不同部门之间的配合和信息交流，克服了直线职能结构中各部门互相脱节的现象。但是在该架构下，项目负责人的责任大于权力，由于参加项目的人员来自不同部门，隶属关系仍在原部门，造成项目负责人的管理困难；由于项目任务完成后，人员仍要回原部门，因而容易产生临时观念，对工作有一定影响。

5. 事业部型组织结构

事业部型组织结构（见图 2-23）也称 M 形组织结构，以产生目标和结果为基准进行部门的划分和组合。

6. 模拟分权制组织结构

模拟分权制组织结构（见图 2-24）是指模拟事业部型的分散经营、单独核算，实际上是一个个"生产单位"，这些生产单位有自己的职能机构，负有"模拟性"的盈亏责任。需要说明的是，生产单位没有自己独立的外部市场，这也是与事业部型的差别所在。

模拟分权制组织结构能调动各生产单位的积极性，解决企业规模过大、不易管理的问题；高层管理人员将部分权力分给生产单位，减少了自身的行政事务，从而把精力集中于战略管理。但该组织结构的生产单位目标任务不明确，工作绩效考核不清晰；各生产单位负责人不易了解企业的全貌，在信息沟通和决策权力方面存在明显缺陷。

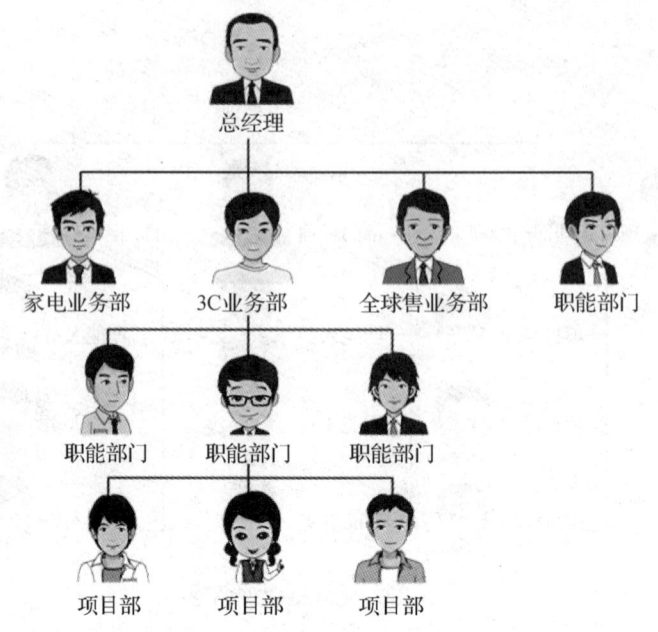

图 2-23 事业部型组织结构

（3C 业务是指与计算机、通信类和消费类电子产品相关的业务，也称信息家电业务）

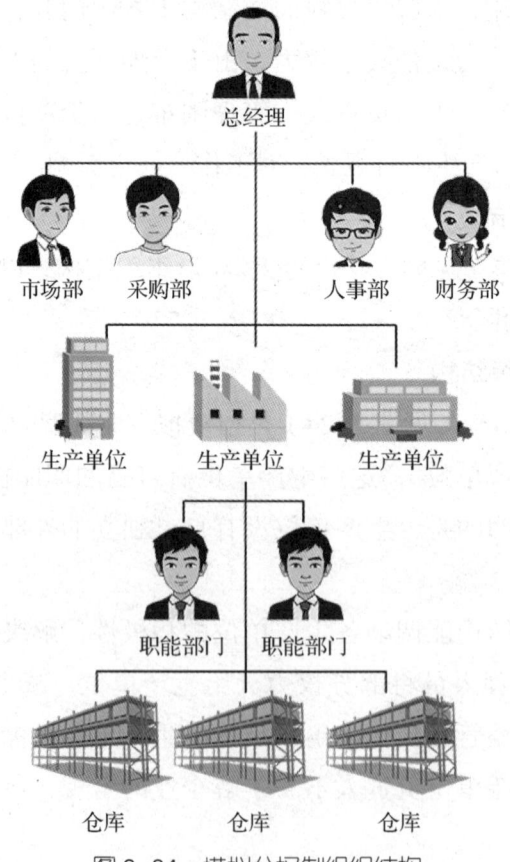

图 2-24 模拟分权制组织结构

三、仓储企业各岗位人员的岗位职责

岗位职责是指一个岗位所要求的需要去完成的工作内容以及应当承担的责任范围，是组织为完成某项任务而确立的，由工种、职务、等级等内容组成。仓储业务一般流程及对应岗位名称如图 2-25 所示。

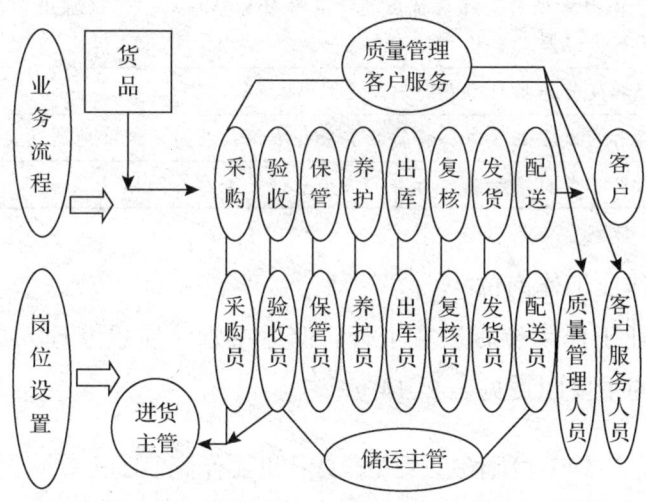

图 2-25 仓储业务一般流程及对应岗位名称

1. 一线作业工作岗位

仓储企业一线作业工作岗位有采购员、验收员、保管员、养护员、出库员（或拣单员）、复核员、发货员、配送员、质管员，各岗位对应的主要职责见表 2-13。

表 2-13 仓储企业一线作业工作岗位的主要职责

岗位名称	岗位主要职责
采购员	供应商及所供商品的选择、合同签订、采购计划编制、采购计划实施与跟进；处理与供应商、运输、保管、销售、客户服务、财务等部门相关问题；对供应商进行管理
验收员	进行商品验收，出具验收报告，验收资料录入与保管
保管员	商品分类；库区分区分类分货位及货位设置，商品分类储存堆码；要确保货物安全、完整装卸、搬运及上架；在库商品的分类保管；库房环境卫生的维护；库内外设备的使用与维护；在库商品的检查与盘点，建立在库商品台账、货位卡，并随时记录在库商品的流转状况

续表

岗位名称	岗位主要职责
养护员	对在库商品进行科学合理的保管养护；调节、控制仓储环境条件，使其满足在库商品的保养要求；对企业的经营品种进行分类，确定重点养护品种，并建立相应档案
出库员	根据出库单拣出所列商品，并保证商品数量与质量符合规定要求
复核员	根据出库单对出库员拣出的商品进行货单核对，保证拣出货物与单据相符，保证出库商品质量合格
发货员	根据发货单按标准及时、安全发货
配送员	按客户或企业要求，将货物安全、准确、及时、经济地送达目的地
质管员	按照工作标准和品质标准，检查来料是否存在问题

2. 支持一线作业工作岗位

支持一线作业工作岗位有进货主管、储运主管、质量管理人员及客户服务人员，各岗位对应的主要职责见表2-14。

表2-14 仓储企业支持一线作业工作岗位的主要职责

岗位名称	岗位主要职责
进货主管	关注负责物料的市场行情，严格按照公司采购制度进行询价、比价，按照采购计划负责相关物料的采购，与供应商完成合同签订
储运主管	负责进出货物质量、数量盘查，对库存进行统计报告，组织货物配送，进行库房日常管理
质量管理人员	对企业物流过程中的货品质量、工作质量、工作人员进行监督、管理
客户服务人员	利用企业信息管理系统为客户提供服务咨询、订单处理，以及客户货物在进、存、出、运、配各环节的信息跟踪；处理客户投诉；信息系统使用培训等

培训课程 4 仓储与配送作业流程

一、仓储作业流程

1. 入库作业流程

要对入库作业活动进行合理安排和组织,就需要掌握入库作业的基本流程,如图 2-26 所示。

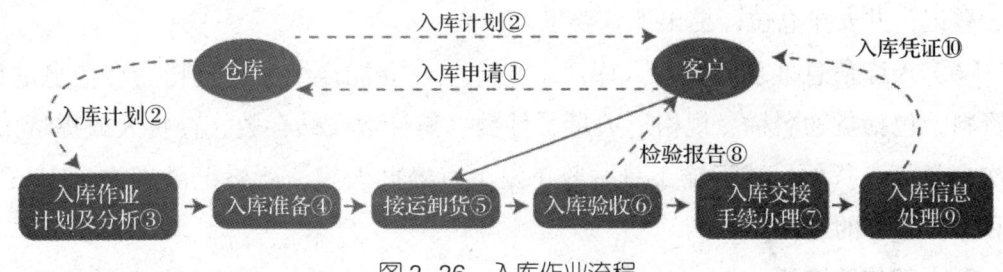

图 2-26　入库作业流程

(1)入库作业计划及分析。入库作业计划是存货人发货和仓储部门进行入库前准备的依据。入库作业计划主要包括到货时间,接运方式,包装单元与状态,存储时间,货物的名称、品种、规格、数量,单件体积与重量,物理特性等信息。

仓储部门对入库作业计划的内容进行分析后,根据货物的在库时间及物理、化学、生物特性等合理安排货位,进行物品入库前的准备工作。

(2)入库准备。仓库应根据仓储合同、入库单或入库作业计划及时地进行库场、人员、设备、货位、验收工具、单证等的准备,以便货物能按时入库。

实际操作中,由于仓库类型、货物种类和业务性质不同,入库准备工作有所差别,需要根据实际情况和仓库制度灵活调整,做好充分准备。

(3)接运卸货。货物的接运卸货是指仓库对于通过铁路、水路、公路、航空等方式运达的货物进行准确、齐备、安全的提取和接收,为入库验收做准备。

接运卸货的方式主要有车站码头提货、铁路专用线接车、自动提货和库内提货。在装卸的过程中，必须注意轻搬轻放，保证货物的安全无损。在条件允许的情况下，应尽可能在卸载的同时，按照货物的保管要求，将不同收货单位或不同品种的货物分类摆放，为入库验收做准备。

（4）入库验收。货物入库验收时要进行数量点收和质量检验。数量点收主要是根据货物入库凭证清点货物数量，检查货物包装是否完整，数量是否与凭证相符。质量检验主要是按照质量规定标准，检查货物的质量、规格和等级是否与标准符合，对于技术性强、需要用仪器测定分析的货物，必须由专职技术人员进行。

（5）入库交接手续办理。入库交接手续是指仓库与送货人之间就送到的货物进行确认，表示仓库已接收货物。办理完交接手续，意味着划清了运输、送货部门和仓库的责任。

入库交接手续主要包括：货物的检查核对，事故的分析、判定，双方认定，在交库单上签字。仓库给交货单位签发接收入库凭证，并将凭证交给会计统计入账、登记；并安排仓位，提出保管要求。

（6）入库信息处理。货物入库后，仓库应建立能详细反映货物储存信息的详细资料，包括货物名称、规格、数量、件数、累计数或结存数、存货人或提货人、批次、金额、货位号或运输工具、收（发）货经办人等，严格记录货物入库、出库和库存动态的过程。

2. 上架作业流程

按照入库作业流程，商品办理完入库交接手续后，即可通过上架作业流程（见表2-15）进入指定储位存储。

3. 补货作业流程

（1）补货作业的定义。补货作业是指将货物从保管区搬运到拣货区的物流活动；也指当配送区的物品发生短缺时，从保管区向配送区补充货物的物流活动。

补货作业是保证货源充足的基础。

（2）补货方式

1）整箱补货。整箱补货是由货架保管区补货到流动货架拣货区，如图2-27所示。拣货员从保管区拣货后把货物运送至动管区，当动管区的存货低于设定标准时，则进行补货作业。这种补货方式较适合于体积小且少量多样出货的物品。

表2-15 上架作业流程

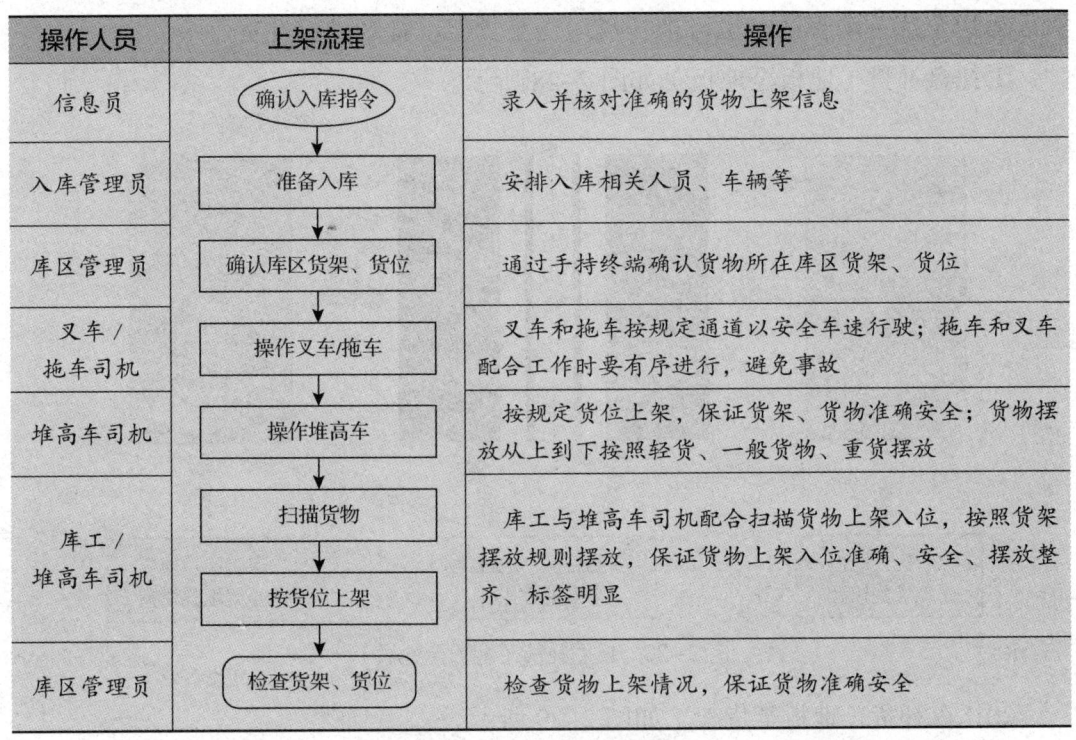

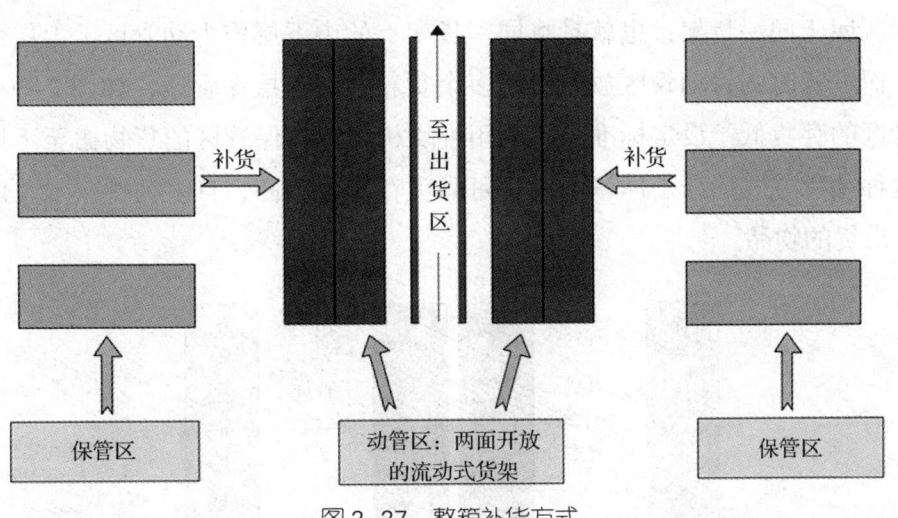

图2-27 整箱补货方式

2）电子拣选补货。这种补货方式是以单件货物为单位进行补货的。当电子拣选货架上的货物低于设定标准时，单件货物由保管区取出后，拆零补货到电子拣选货架上。这种补货方式适合于较贵重、出货量小、体积较小的物品。

3）托盘补货。这种补货方式是以托盘为单位进行补货的，由保管区运送至地板堆放动管区。当存货量低于设定标准时，立即补货，使用堆垛机把托盘由保管区运送至拣货动管区，也可把托盘运送至货架动管区进行补货。

①托盘补货（地板至地板）如图 2-28 所示。

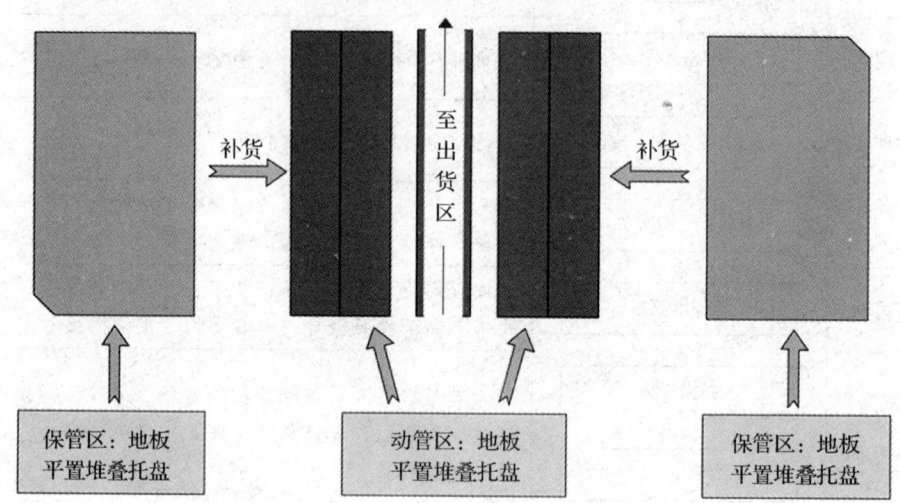

图 2-28　托盘补货（地板至地板）

②托盘补货（地板至货架）如图 2-29 所示。

4）货架上层至货架下层的补货。货架上层至货架下层的补货方式是指保管区与动管区属于同一货架，也就是将同一货架上的中下层作为动管区，上层作为保管区，而进货时则将动管区放不下的多余货箱放到上层保管区，如图 2-30 所示。当动管区的存货低于设定标准时，利用堆垛机将上层保管区的货物搬至下层动管区。这种补货方式适合于体积不大、每品项存货量不高，且多为中小量（以箱为单位）出货的物品。

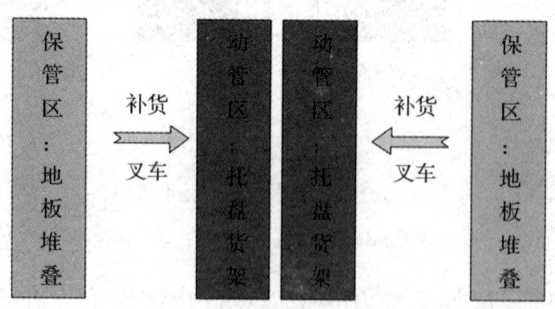

图 2-29　托盘补货（地板至货架）

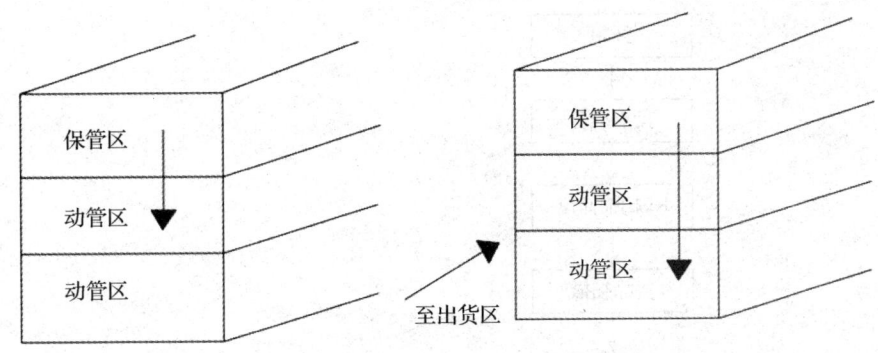

图 2-30　货架上层至货架下层的补货

4. 盘点作业流程

仓库中的商品处于不断的进、存、出动态中，在作业过程中会产生误差，经过一段时间的积累会使库存资料反映的数据与实际数据不相符。有些物品则因存放时间太长或保管不当，会发生数量或质量的变化。为了对库存物品的数量进行有效控制，并查清其在库中的质量状况，必须定期或不定期地对各储存场所进行清点、核查，这一过程称为盘点作业。

（1）表单盘点作业流程

1）盘点准备。确定盘点程序和盘点方法，安排盘点人员，做好盘点单打印准备，清理仓库。

2）初盘。由各初盘人员清点所负责区域的货品，将清点结果填入盘点单。

3）复盘。复盘人员进行复盘，将盘点结果填入盘点单。

4）盘点核对。由第三人核对盘点单，检查初盘和复盘的结果是否相同且正确。

5）库存统计。将盘点单交给仓库统计员，合计货品库存总量。

6）盘点结果处理。仓库主管核对账务信息与盘点信息是否一致，若不一致，则进行差异统计，核查差异原因，并修改账务信息。

7）盘点确认。盘点结果处理完毕，仓库主管签字确认。

（2）RF（射频）盘点作业流程。RF 盘点作业流程如图 2-31 所示。

1）盘点准备。在条形码系统中输入盘点凭证，系统根据凭证号自动获取所有盘点任务清单；条形码系统基于储位分配盘点任务给相关操作人员；操作人员输入盘点凭证获取盘点任务。

2）RF 扫描储位。操作人员扫描要盘点的储位条形码。

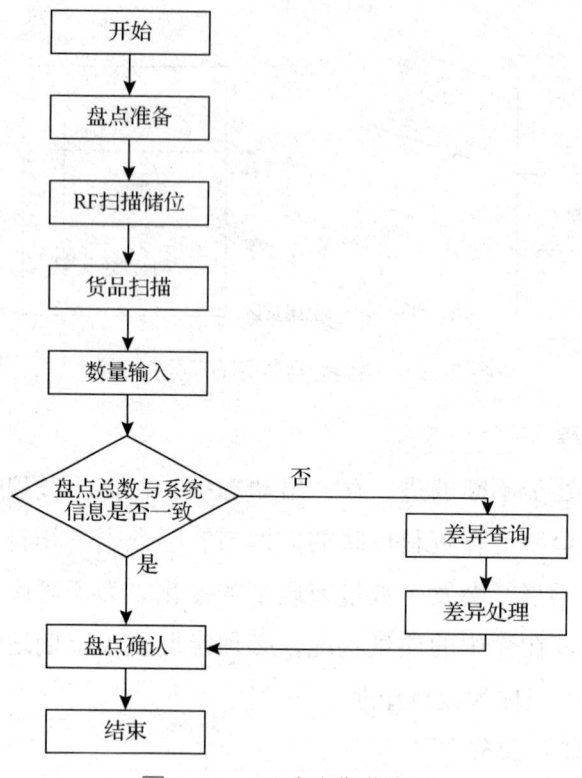

图 2-31 RF 盘点作业流程

3）货品扫描。依据 RF 提示，使用 RF 扫描货品条形码，同一货品只需扫描一次条形码。

4）数量输入。输入该货品清点后确认的数量，并查看该储位是否还有其他货品，有则继续扫描货品条形码并输入数量。

5）数据核对。在条形码系统中结合系统中的实时库存，查询盘点差异。若无差异，则将盘点结果导入系统；若存在差异，则进行差异处理。

5. 拣选作业流程

拣选作业是配送中心根据客户提出的订货单或配送计划所规定的商品名称、数量和储存仓位，将商品从货垛或货架取出，搬运至理货场所，以备配货、送货，拣选作业流程如图 2-32 所示。

6. 复核包装作业流程

物流企业的复核包装作业岗位设置通常有两种情况：一种是设置两个岗位，即校验员和打包员，两个岗位设置区域紧邻；另一种是只设置一个岗位，复核包装作业员先进行货物复核作业，然后将复核完毕的货物进行包装、称重、贴单。

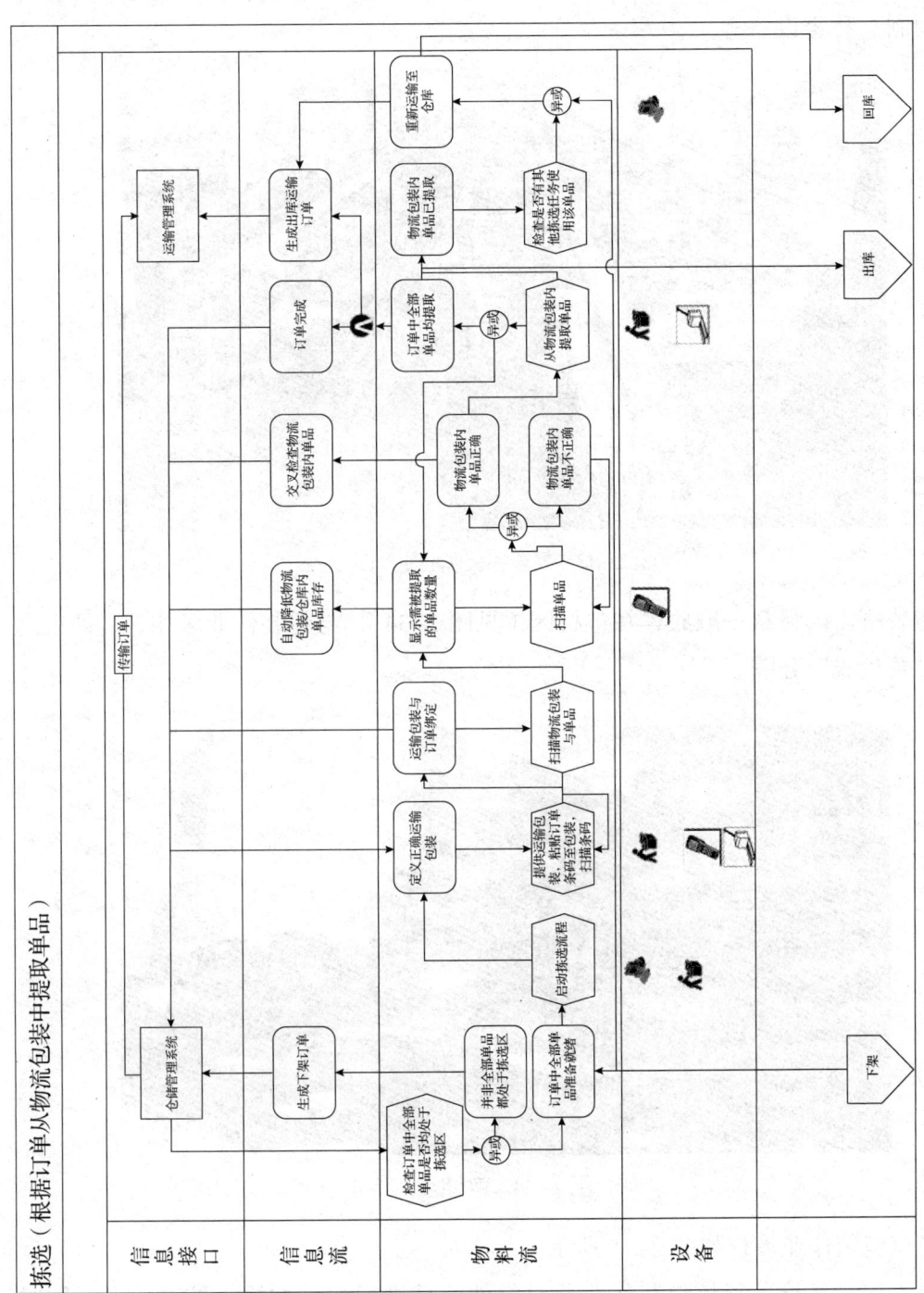

图 2-32 拣选作业流程

复核包装作业生产线（见图2-33）包含多个复核包装作业台，应与作业量进行匹配，每个复核包装作业台通常放置一台计算机、一个专用包装台、扫描枪、包装材料、称重设备等。

图2-33　复核包装作业生产线

包装所需的材料一般放置在包材区（见图2-34），与包装作业区相邻，两区之间画"黄色线"分隔。

图2-34　包材区

复核包装作业流程如图2-35所示。

（1）扫描复检。复核包装作业员对每件商品进行逐一扫描，核对信息，同时检查商品包装是否完整，商品型号、颜色与订单是否匹配等。若发现商品与订单信息不匹配，需及时反馈给主管，并按流程重新进行扫描操作。

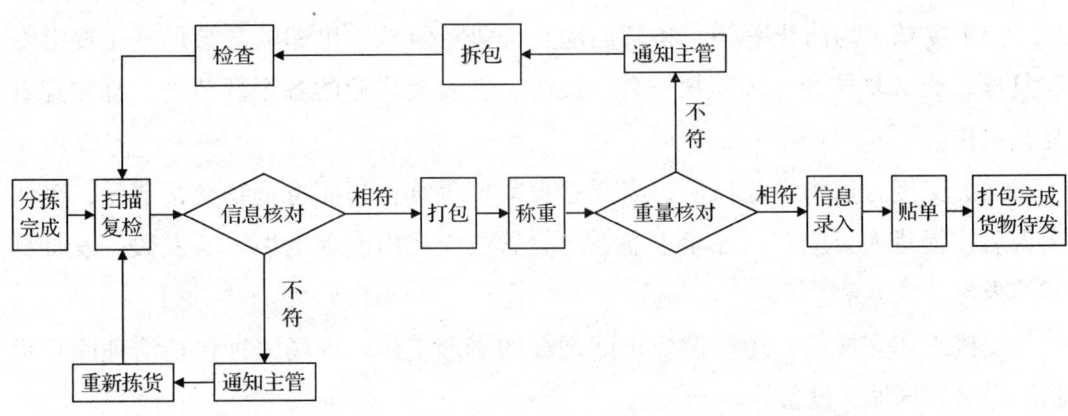

图 2-35　复核包装作业流程

（2）打包。根据货物规格和配送方式选择合适的包装箱或包装袋，并将销售清单、发票以及商品相关的单据材料放入包装盒内进行包装、密封；对于易碎、易变形、易泄漏的货物需按照货物类型、特点选择合适的包裹材料，然后对货物进行包裹。

（3）称重。包装完成后放在称重台上称重，并进行重量核对，若重量信息有误，需及时反馈给主管，并按流程重新打包。

7. 出库作业流程

出库业务是仓库根据业务部门或存货单位开出的货物出库凭证（出库单、提货单、调拨单），按其所列货物编号、名称、规格、型号、数量等，组织货物出库的一系列工作的总称。

根据货物在库内的流向或出库单的流转而构成各业务环节的衔接，出库作业流程如图 2-36 所示。

图 2-36　出库作业流程

（1）接单。货物发放必须有正式的出库凭证，仓管员必须在接到出库单后，认真核对出库单，核对货物的品名、型号、规格、单价数量、收货单位等信息。

（2）备货。审核出库单后，按照出库单所列项目开始备货。备货时应本着"先进先出、易霉易坏先出、接近有效期先出"原则，备货完毕后要及时变动货卡余额数量，填写实发数量和日期。

（3）复核。为防止差错，备货后应立即进行复核。出库的复核形式主要有专职复核、交叉复核和环环复核三种。此外，在发货作业的各个环节上，都贯穿着复核工作。

（4）交接。货物经复核后，需要办理交接手续，当面将货物交接清楚，确认无误后，提货人员应在出库单上签章。仓管员应在出库单上填写实发数、发货日期等内容，并签章。

交接工作完成后，还要做好出库现场的清理工作。现场清理包括清理库存货物、库房、场地、设备等。

二、配送作业流程

1. 配送的基本环节

一般而言，配送是由备货、理货和送货三个基本环节组成的。

（1）备货。备货是指准备货物的一系列活动，它是配送的基础环节。严格来说，备货应当包括两项具体活动——筹集货物和储存货物。

（2）理货。理货是指在货物储存、装卸过程中，对货物进行分票、计数、清理残损、签证和交接的作业。理货是配送的一项重要内容，也是配送区别于一般送货的重要标志。理货包括货物分拣、配货、包装等活动。

（3）送货。送货是配送活动的核心，也是备货和理货工序的延伸。在送货过程中，常常需要进行运输方式、运输路线和运输工具的选择。

2. 配送的一般流程

（1）进货是配送的第一步，主要包括接货、卸货、验收入库，然后将有关信息书面化。

（2）订单处理是指从接到客户订单到着手准备拣货之间的作业阶段。通常包括订单资料确认、存货查询、单据处理等。

（3）拣货是配送的中心环节。拣货是依据客户的订货要求或配送中心的作业计划，将商品从其储位或其他区域拣取出来的作业过程。拣货作业包括拣货单位、拣货方式、拣货策略、拣货信息、拣货设备等。

（4）补货是将货物从仓库保管区搬运至拣货区的工作。补货的目的是向拣货区补充适当的商品，以保证拣货的需求。

（5）配货是指把拣取分类完成的物品经过配货检查后，装入容器并做好标示，再运到配货准备区，待装车后发送的作业过程。

（6）送货是指利用配送车辆把客户订购的物品从制造厂、生产基地、批发商、经销商或配送中心送到客户指定位置的过程。

（7）退调和信息处理。退调涉及退货物品的接收和退货物品的处理。在配送中，信息系统起着"中枢神经"的作用。

配送的一般流程比较规范，但并不是所有的配送都按上述流程进行。不同产品的配送可能存在差别，如燃料油配送无须配货工序，水泥及木材配送需要流通加工工序，流通加工可能存在于不同环节。

职业模块 3
运输管理基础知识

培训课程 1 运输认知

一、运输的定义与特点

1. 运输的定义

运输是指运用设备和工具将物品从一地点向另一地点运送,包括集货、分配、搬运、中转、装入、卸下、分散等一系列操作。

运输是在不同的地域范围间(如两座城市、两个工厂之间,或一个企业内的两个车间之间),以改变"物"的空间位置为目的的活动。运输活动是指物品借助动力系统在一定空间范围内产生的位置移动,或利用人们公认的运输工具所发生的人员和物品的空间位移。利用其他介质的载运及输送并不是运输活动,如输电、输水、供暖、供气等。

运输与物流在本质上既有区别又有联系,两者的区别见表3-1。

表3-1 运输与物流的区别

比较项目	运输	物流
劳动对象	人员、物品	物品
工作范围	流通领域	流通领域、生产领域

运输作为物流系统的一项功能,包括生产领域的运输和流通领域的运输。生产领域的运输活动一般是在生产企业内部进行,因此称为厂内运输。流通领域的运输活动作为流通领域的环节之一,其主要内容是对物质产品进行运输,以社会服务为目的,完成物品从生产领域向消费领域在空间位置上的物理性转移过程。而运输与物流在一些领域中存在交叉的联系,均涉及流通领域运输。

2. 运输的特点

（1）运输具有生产的本质属性。运输是借助运输者的劳动、运输工具设备与燃料的消耗来实现的，在不改变运输对象原有属性或形态的要求下，实现运输对象的空间位移。

（2）运输对自然条件的依赖性很大。大部分的运输都是露天进行的，其运输效率很大程度上取决于自然条件。

（3）运输是具有一定垄断性的资本密集型产业。运输的基础设施建设都需要大量的投资，这就造成运输成本中的固定成本占比很大，因而运输是资本密集型产业，同时也具有一定的垄断性。

（4）运输服务是公共性的。运输服务的公共性保证为社会物质在生产和流通过程中提供运输服务，满足人们在生产和生活过程中的运输需要。

（5）运输可以创造"场所效用"。运输将"物"运到场所效用最高的地方，就能发挥"物"的潜力，实现资源的优化配置。从这个意义上讲，相当于通过运输提高了物品的使用价值。

（6）运输是"第三利润"的主要源泉。由于运输总里程和运输总量巨大，通过体制改革和运输合理化可以提高运输效率，降低运输费用，因此运输是企业实现"第三利润"的重要手段。

二、运输的作用与原则

1. 运输的作用

（1）物品移动。无论是原材料、零部件、装配件、在制品、半成品还是产成品，不管是在制造过程中被移到下一阶段，还是移动到终端客户，运输都是必不可少的。运输的主要目的就是以最短的时间、最低的成本将物品转移到指定地点。

（2）短时储存。运输可实现短时储存，即将运输工具作为临时的储存设施。使用该功能时，需要综合其适用条件和成本因素。

2. 运输的原则

货物运输要遵循及时、经济、准确、安全的原则，做到加速商品流通、降低商品流通费用、提高货运质量、多快好省地完成货物运输任务。

（1）及时。及时是指按照客户要求的时间把货物运往目的地，满足市场和消费者的需要。缩短流通时间的手段是改善交通。

（2）经济。经济是指以适宜的方法调运货物，降低运输成本。降低运输成本的主要方法是节约运输费用，节约运输费用的主要途径是开展合理运输，即选择经济合理的运输路线和运输方法，尽可能减少运输环节、缩短运输里程。此外，还应提高部门运输设备和运输工具的利用率，加强对运输设备和运输工具的保养，提高劳动生产率，从而取得更高的经济效益。

（3）准确。准确是指要防止发生差错事故，保证在整个运输过程中，把货物准确无误地送到消费者手中。

（4）安全。安全是指要保证货物在运输中的安全：一是要注意在运输、装卸过程中的震动和冲击等外力的作用，防止货物破损；二是要防止货物由于物理、化学、生物学变化等自然原因引起货物减量和变质。尤其在运输石油、化学危险品，以及鲜活、易腐、易碎等货物时，应特别重视运输安全。

三、运输方式的分类

1. 按运输工具的不同分类，运输方式可分为表3-2中的五种类型。

表3-2 运输方式按运输工具分类

运输方式	特点
公路运输	具有很强的灵活性，主要承担近距离、小批量的货物运输
铁路运输	适用于长距离、大批量的货运和没有水运条件地区的货物运输
水路运输	承担大批量、长距离的运输；并在内河及沿海进行大批量干线运输
航空运输	适用于对时效性要求高的高价值货物运输
管道运输	适用于大宗流体货物，如石油、天然气、煤浆、矿石浆体等的运输

2. 按运营主体的不同分类，运输方式可分为表3-3中的三种类型。

表3-3 运输方式按运营主体分类

运输方式	特点
自营运输	多见于公路运输，以汽车为主要运输工具，且以近距离、小批量货物运输为主
经营性运输	广见于公路、铁路、水路、航空等运输业中，是运输业的发展方向。最常见的汽车经营性运输一般可分为专线运输与包车运输
公共运输	投资大，回收期长，风险大，与国民经济的发展息息相关，是一种基础性公共系统

3. 按运输范围的不同分类，运输方式可分为表3-4中的四种类型。

表 3-4　运输方式按运输范围分类

运输方式	特点
干线运输	速度较同种工具的其他运输要快，成本较低，应用广泛
支线运输	路程较短，运输量相对较小，是收货、发货地点之间的补充性运输形式
二次运输	经过干线与支线运输到站的货物，按需要再从车站运至仓库、工厂、集贸市场等指定交货地点
场内运输	一般在车间与车间、车间与仓库之间进行

4. 按运输作用的不同分类，运输方式可分为表 3-5 中的三种类型。

表 3-5　运输方式按运输作用分类

运输方式	特点
一般运输	运输工具及方式单一，运输服务的适应性不强
联合运输	可缩短货物在途运输时间，加快运输速度，节省运费，提高运输工具的利用率，同时可以简化托运手续，方便用户
多式联运	比一般的联合运输规模大，并且根据实际情况使用多种运输方式，以实现最优化运输服务

5. 按运输中途是否换装分类，运输方式可分为表 3-6 中的两种类型。

表 3-6　运输方式按运输中途是否换装分类

运输方式	特点
直达运输	可以避免中途换装所出现的运输速度缓慢、货损增加、费用增加等一系列弊病，从而缩短运输时间、降低货损率和运输费用
中转运输	可以有效衔接干线、支线运输，化整为零或集零为整，从而方便用户，提高运输效率

四、运输合理化

1. 运输合理化的定义与要素

运输合理化是指在一定的条件下以最少的运作成本获得高效率和高效益。运输合理化要素见表 3-7。

表3-7 运输合理化要素

要素	说明
运输距离	例如，迂回运输与过远运输会拉长距离、浪费运力、占用运力时间长、运输工具周转慢、占压资金时间长，易出现货损，增加费用支出
运输环节	例如，增加装卸、搬运、包装等环节时，各项技术经济指标也会发生改变
运输工具	例如，集装箱将货物集合组装成集装单元，在现代流通领域内运用大型装卸机械和大型载运车辆进行装卸、搬运作业，并完成运输任务，能高效率和高效益地实现货物"门到门"运输
运输时间	例如，缩短运输时间能有效缩短流通时间，进而提高响应市场需求的速度
运输费用	例如，货运代理节省货物运输费用的措施主要有巧妙设计包装、熟悉运输路线，并能精打细算、善于与船方配合，这样物流运费就会大大降低
运输一致性	例如，给定的一项运输服务第一次用时两天，而第二次用时十天，这无疑需要设置安全储备存货，以防突发的服务故障增加供需双方承担的存货义务和有关风险

运输合理化要素既相互联系，又相互影响。一般情况下，运输时间快、运输费用低是运输合理化的关键，因为这两项要素集中体现了运输过程中的经济效益。

2. 不合理运输的定义与主要形式

（1）不合理运输的定义。不合理运输是指在组织货物运输过程中，违反货物流通规律，不按经济区域和货物自然流向组织货物调运，忽视运输工具的充分利用和合理分工，导致货物迂回、倒流、过远、重复等现象出现，势必造成货物在途时间长、装载量低、流转环节多，从而出现运力浪费、货物流通不畅和运输费用增加的现象。

（2）不合理运输的主要形式

1）对流运输。对流运输也称相向运输，是指同一种货物或彼此间可相互代用而又不影响管理、技术及效益的货物，在同一线路上或不同运输方式的平行线路上做相对方向的运送，而与对方运程的全部或一部分发生重叠的运输。

从图3-1（图3-1至图3-3中的○表示发货地，□表示收货地，──→表示合理流向，--→表示不合理流向）中可以看出，某货物从甲地经过乙地运到丙地，同时又从丁地经过丙地运到乙地，在乙地与丙地之间产生了对流运输。对流运输的原因主要是计划不周、组织不善、调运差错，其主要影响是浪费运力、加大成本。

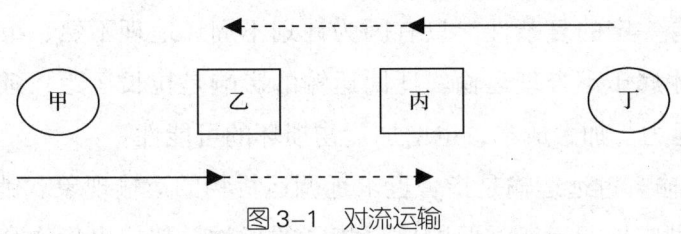

图 3-1 对流运输

2）倒流运输。倒流运输是指货物从销地或中转地向产地或起运地回运（流）的一种运输现象。其不合理程度要甚于对流运输，因为倒流运输往返两程的运输都是不必要的，形成了双程浪费，如图 3-2 所示。

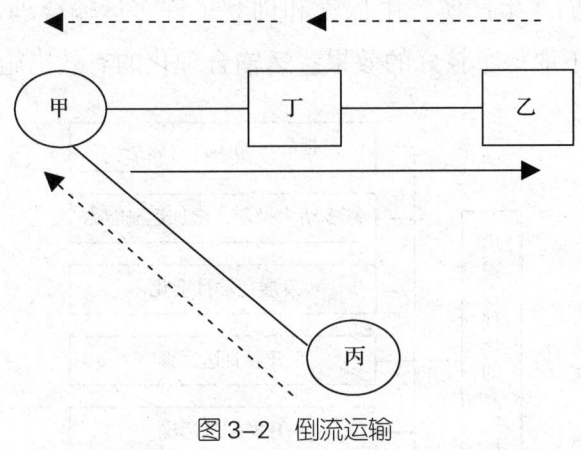

图 3-2 倒流运输

倒流运输的原因主要是计划不周、组织不善、调运差错，其主要影响是浪费运力、增加运费开支、加大成本。

3）迂回运输。迂回运输是指货物绕道而行的运输现象，是一种本可以选择短距离进行运输，却选择长距离进行运输的不合理形式，如图 3-3 所示。

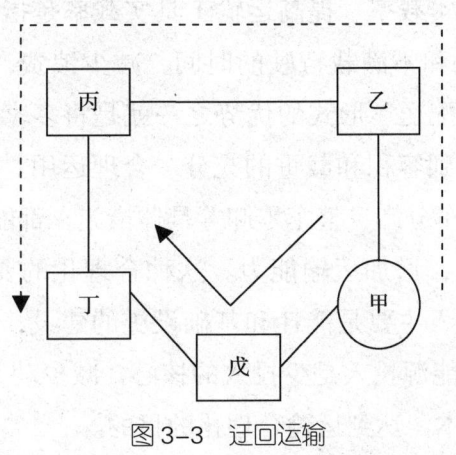

图 3-3 迂回运输

迂回运输有一定的复杂性，只有因为计划不周、地理不熟、组织不当而发生的迂回运输，才属于不合理运输。迂回运输的影响是拉长运距、延长货物在途时间，不但浪费运力、加大成本，也增加货物损坏的可能性。

4）过远运输。过远运输是指舍近求远调运货物的运输现象。销地完全有可能由距离较近的供应地调运所需要的质量相同的货物，却超出货物合理流向的范围从远处调运。过远运输的影响是拉长运距、浪费运力、延长货物在途时间，导致资金积压、运输费用增加。

3. 运输合理化的有效措施

长期以来，人们在生产实践中探索和创立了许多运输合理化的措施，在一定时期内、一定条件下取得了较好的效果。运输合理化的有效措施如图3-4所示。

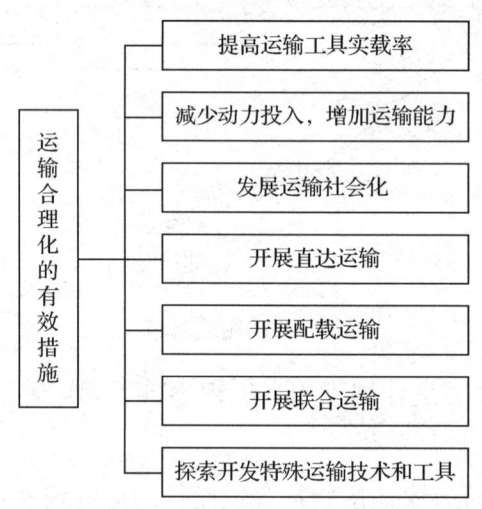

图3-4 运输合理化的有效措施

（1）提高运输工具实载率。提高运输工具实载率是指充分利用运输工具的额定能力，减少车船空载和不满载行驶的时间，减少浪费，从而实现运输合理化。当前，国内外开展的"配送"形式的优势之一就是将多家需要的货和一家需要的多种货实行配装，以达到容积和载重的充分、合理运用。在铁路运输中，采用整车运输、合装整车、整车分卸、整车零卸等具体措施，都能提高运输工具实载率。

（2）减少动力投入，增加运输能力。这种合理化的要点是少投入、多产出，实现高效益。运输的投入主要是能耗和基础设施的建设，在设施建设已定型或完成的情况下，尽量减少能源投入是少投入的核心。减少动力投入能有效节约运费，降低单位货物的运输成本，达到运输合理化的目的。

（3）发展运输社会化。运输社会化是指将原先由企业内部完成的物流过程通过合约的方式外部化，即企业将分销、生产、供应等过程需要的运输、装卸、保管等职能交由专业化的公司完成，实行运输社会化可以统一安排运输工具，避免对流、倒流、空载、运力不当等多种不合理形式。

（4）开展直达运输。直达运输是运输合理化的重要形式，其通过减少中转过载换载，从而提高运输速度，节省装卸费用，降低中转货损。直达优势在一次运输批量和用户一次需求量达到整车时表现突出。此外，在生产资料、生活资料运输中，通过直达建立稳定的产销关系和运输系统，也有利于提高运输的计划水平，考虑采用有效的技术来实现这种稳定运输，可大大提高运输效率。

（5）开展配载运输。配载运输往往是指轻重商品的混合配载，在以重质货物运输为主的情况下，同时搭载一些轻泡货物，如海运矿石、黄沙等重质货物时，在舱面捎运木材、毛竹等；铁路运矿石、钢材等重物时，在上方搭运轻泡农副产品等。配载运输基本不增加运力投入，且不减少重质货物搭载量。

（6）开展联合运输。联合运输简称联运，是指使用两种或两种以上的运输方式完成一项货物运输任务的综合运输方式。各种运输方式在运输过程中遵照统一的规章或协议，使用同一运输凭证或通过代办中转业务将各种运输方式紧密协调与衔接起来，共同完成两程以上的运输工具联运，是一次起票托运到底的一种经济的运输管理方法，如铁公水联运、铁公联运、铁水联运、公水联运、公航联运等。

（7）探索开发特殊运输技术和工具。依靠科技进步是运输合理化的重要途径。例如，专用散装车及罐车解决了粉状、液状物运输损耗大、安全性差等问题；大型半挂车解决了大型设备整体运输问题；"滚装船"解决了车载货运输问题；等等。

培训课程 2 运输设备

一、公路运输设备

1. 公路货运车辆（见表3-8）

表3-8　公路货运车辆

类别	特征	图示
半挂牵引车	一种装备特殊装置、用于牵引半挂车的商用车辆，一般运输中小型货车无法运输的货物，如成批运输的整车、套装设备、园林巨石等	
全挂牵引车	一种牵引杆式挂车的货车，它本身可在附属的载运平台上运载货物，常用于港口、仓库、物流中心货物场区内的周转运输	

续表

类别		特征	图示
货车	普通货车	一种在敞开（平板式）或封闭（厢式）载货空间内运载货物的货车	 
	多用途货车	一种主要为载运货物而设计和装备的商用车辆，在司机座椅后带有固定或折叠式座椅，可载运3个以上的乘客	
	专用货车	一种主要用于运输特殊物品的货车，如罐式车、乘用车运输车、集装箱运输车等，常运载沙土、矿石等	
	专用作业车	针对不同用途，具有设计和技术特性的车辆，如消防车、救险车、垃圾车、应急车、街道清洗车、扫雪车、清洁车等	

 **相关链接**

交通标志

　　交通标志就是把交通警告、禁令、指示、指路等交通管理与控制法规用文字、图形或符号形象化，设置于路侧或公路上方的交通控制设施。齐全的交通标志能有效保护路桥设施，保障交通秩序，提高运输效率，减少交通事故。交通标志一般分为表3-9中的四种。

表3-9　交通标志的类别

说明	图示
（1）警告标志——警告车辆、行人注意危险的标志，如陡坡、急转弯、窄桥标志等。其形状为等边正三角形，颜色为黄底、黑边、黑图案。警告标志距危险地点的距离为 20～250 m	 反向弯路　连续弯路　右侧变窄 两侧变窄　双向交通　注意危险 下坡路　注意行人　注意儿童
（2）禁令标志——对车辆加以禁止或限制的标志，如禁止直行、掉头、超车，限高、限宽、限速标志等。其形状为圆形、八角形、顶角向下的等边三角形，除个别标志外，颜色为白底、红圈、红杠、黑图案	 禁止直行和向右转弯　禁止掉头　禁止超车 限制高度　限制宽度　限制速度 禁止车辆长时停放　减速让行　停车让行

续表

说明	图示
（3）指示标志——指示车辆、行人行进或停止的标志，如向左右转弯、单行路标志等。其形状为圆形、长方形或正方形，颜色为蓝底、白图案	
（4）指路标志——传递道路方向、地点、距离信息的标志，如预告和指示高速公路或一级公路中途出入口、沿途服务设施标志等。其形状为长方形或正方形；颜色一般为蓝底、白图案，高速公路为绿底、白图案	

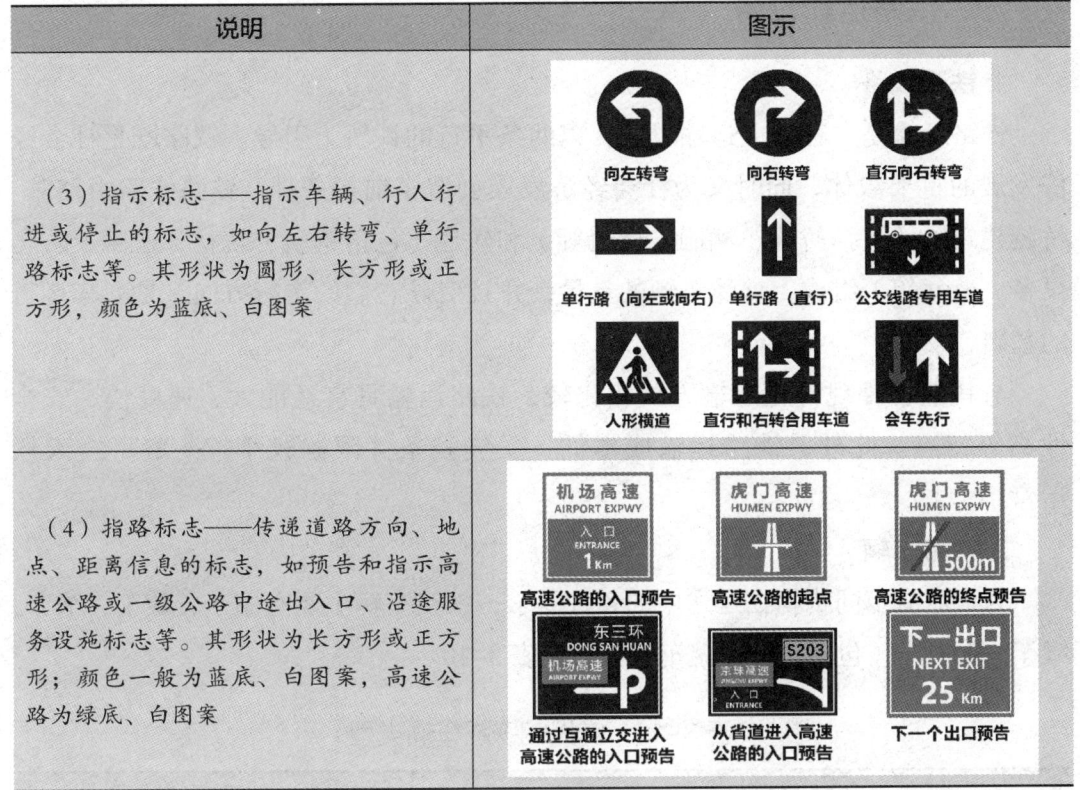

2. 公路

公路是指连接城市、乡村和工矿基地之间，主要供汽车行驶并具备一定技术标准和设施的道路。公路是一种线型构造物，是汽车运输重要的基础设施，它主要由路基、路面、桥梁、涵洞、渡口码头、照明设施、防护工程、排水设施与设备等基本部分组成。此外，还需设置交通标志、安全设施、服务设施、绿化植株等。

3. 公路货运站

（1）零担货运站。零担货运站是指专门经营零担货物运输的汽车站，简称零担站。

（2）整车货运站。整车货运站是指调查并组织货源、办理货运商务作业的汽车货运站。在我国各地的名称不一，如营业所、运输站、运管办等。有的整车货运站也兼营零担货运。

（3）集装箱货运站。集装箱货运站是指以承担集装箱中转运输任务为主的货运站，又称集装箱公路中转站。

二、铁路运输设备

1. 铁路线路

铁路运输是一种陆上运输方式,以两条平行的铁轨为引导。铁路既是社会经济发展的重要载体,同时又为社会经济发展创造了前提条件。铁路线路由路基、桥隧建筑物(包括桥梁、涵洞、隧道等)和轨道(包括钢轨、轨枕、道床、防爬设备、道岔等)组成,承受车辆的重量,并且引导它们的走行方向,是列车运行的基础。

与其他各种现代化运输方式相比较,铁路运输具有运能大、速度快、安全性高等特点。此外,铁路运输成本低、受气候条件限制较小,一般可全天候运营。

2. 铁路车辆

为了适应不同货物在运送中的各种要求,铁路车辆主要有棚车、敞车、平车、罐车、保温车(包括机械保温车)等,见表3-10。

表3-10 常见的铁路车辆类型

类型	图示
(1)棚车。棚车车体由地板、侧墙、端墙、车顶、门等组成,主要用来运送粮食、日用品、仪器等怕晒、怕湿的货物	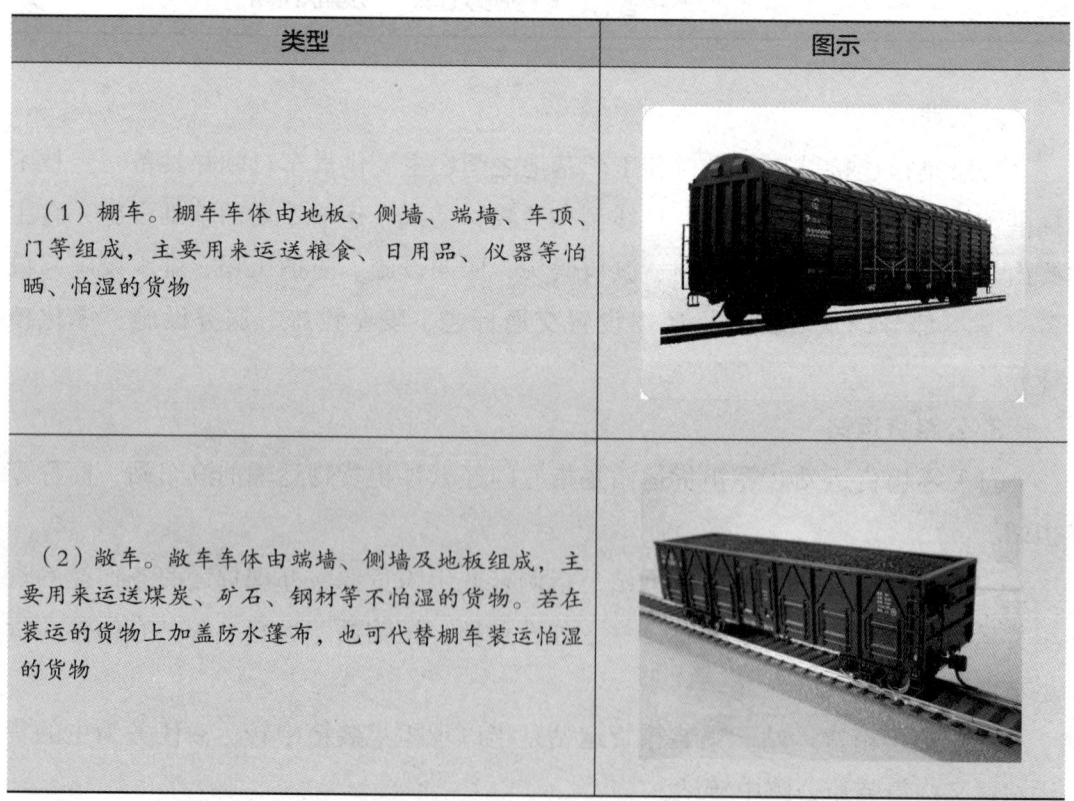
(2)敞车。敞车车体由端墙、侧墙及地板组成,主要用来运送煤炭、矿石、钢材等不怕湿的货物。若在装运的货物上加盖防水篷布,也可代替棚车装运怕湿的货物	

续表

类型	图示
（3）平车。大部分平车车体为底架式，仅在底架上装有低矮并可放倒的活动侧板和端板，主要用来运送钢材、木材、汽车、机器等较重或体积大的货物，也可借助集装箱装运	
（4）罐车。铁路罐车运输以其安全、可靠、成本低廉等优点，在气、液、粉等货物，尤其是易燃、易爆、易腐蚀等危险化工用品运输过程中成为首选的交通运输工具。罐体作为铁路罐车的主要承载部件和容器，固定设置在底架或牵枕上，对铁路物流的安全可靠性有极其重要的作用	
（5）保温车。保温车的车体和棚车相似，但车体外表涂成银灰色，以利于反射阳光。车体墙板内装有隔热材料，车内设有制冷、加热、调温和通风装置。保温车主要用于运送鱼、肉、水果、蔬菜等新鲜易腐货物	

还有一些专门用途的车辆，如家畜车及为扩大货物运输需要而制成的凹形平板车或落下孔车等。虽然各种车辆外形、用途相差很大，但它们的基本构造都是相似的，都是由装载货物的车体、引导车辆运行的走行部、实现车辆间连挂的车钩缓冲装置、制动装置和车辆内部设施这五个基本部分组成的。

三、水路运输设备

水路运输是指利用船舶和其他浮运工具在海洋、江河、湖泊、水库及人工水道上运送货物的一种运输方式。

1. 运输船舶种类与构造

运输船舶按载运物的性质分类，可分成客船和货船两大类。货船通常包括干货船、液货船等。

（1）干货船。干货船是用于载运各种干货的船舶。常见的干货船主要有杂货船、集装箱船、散货船、滚装船、载驳船等。

1）杂货船。杂货船是用于载运各种包装、桶装、成箱、成捆等件杂货的船舶，具有2~3层全通甲板，根据船的大小设有3~6个货舱。在上甲板货舱口两端设有吊杆或立式塔形吊车，用于装载货物。有的杂货船还备有1~2副重型吊杆，用于装卸大件重货。杂货船一般没有固定的航线和船期，而是根据货源情况和货运需要航行于各港口之间。为了进一步提高对各种货物的适应能力，新型杂货船尽量设计成多用途船型，既能运送普通件杂货，也能兼运散货、部分集装箱、冷藏货等。

2）集装箱船。集装箱船是以载运集装箱为主的专用运输船舶，可分为全集装箱船和半集装箱船两种。全集装箱船的全部货舱及上甲板都用于装载集装箱；而半集装箱船只有部分舱室用于装载集装箱，其余舱室用于装运成件货物或杂货。集装箱的装卸通常是用岸上的专用起重机、装卸桥来进行的，因此绝大多数的集装箱船上不设起货设备。由于集装箱船装卸效率高、船舶停港时间短，为加快船舶周转，要求其具有较高的航速。

3）散货船。散货船是指专门用于载运粉末状、颗粒状、块状等非包装类大宗货物的运输船舶，其船形较大，货舱的容积大，货舱口也较大，以便于装卸。一些专用的散货船只载运一种货物，如煤炭、矿石、粮食等。为了提高装卸效率，通常采用码头专用设备进行货物装卸，故较大的散货船上一般不设装卸设备。

4）滚装船。滚装船是把装有集装箱及其他成件货物的半挂车或装有货物的带轮子的托盘作为货运单元，由牵引车或叉车直接进出货舱进行装卸的船舶。滚装船是由汽车轮渡发展而来的一种专用船舶。使用滚装船运输货物能大大提高装卸效率，加速船舶周转，并有利于水陆直达联运。

5）载驳船。载驳船是一种用来运送载货驳船的运输船舶，又称子母船。各种货物或集装箱装到规格统一的驳船上（子驳），驳船在港内（码头或锚地）装完货后，用母船的起重设备将子驳装到母船上，母船把子驳运至目的地后，卸下子驳，子驳可被拖运至母船无法通行的航道和无法停靠的码头。子驳卸货完毕，装上回程货物或集装箱，被拖船拖至指定水域，然后再将子驳装到母船上去，运往下一目的地。

（2）液货船。液货船是专门用于运输液态货物的船舶，它在现代水路运输中占有很大比例，液货船主要包括油船、液化气船、液体化学品船等。

1）油船。油船是专门用于载运散装石油及成品的液货船，一般分为原油船和成品油船两种。由于油船载运的是易挥发、易燃烧、易爆炸的危险货物，油船在构造、设备及营运方面必须考虑防火、防爆、防污染等要求。

2）液化气船。液化气船是专门装运液化气的液货船，这种船舶装有特殊的高压液舱，先把天然气或石油气液化，再用高压泵打入液舱内运输。液化气船的液舱结构与其他货船的货舱结构不同，其采用全封闭的金属罐。

3）液体化学品船。液体化学品船是专门载运各种液体化学品，如醚、苯、醇、酸等的液货船。液体化学品一般具有易燃、易挥发、腐蚀性强等特性，因此应严格执行船舶防火、防爆、防毒、防泄漏、防腐等要求。

2. 港口及其主要设施

港口是重要的经济资源。港口按用途可分为商港、渔港、工业港等，按地理位置可分为海港、河港、湖港、水库港等。港口由水域和陆域两大部分组成。水域供船舶进出港，以及在港内运转、锚泊和装卸作业时使用，水域要有足够的深度和宽度，水面基本平静，流速和缓，以便于船舶的安全操作；陆域是供货物装卸、堆存和转运使用的，陆域要有适当的高程、岸线长度和纵深，以便安置装卸设备、仓库、堆场，以及各种必要的生产、生活设施等。

（1）港口水域。港口水域主要包括港池、锚地和航道。港池一般指码头附近的水域，它需要有足够的深度和宽度，供船舶靠离操作。对于开敞的海岸港口，为了阻挡海浪或泥沙的影响，保持港内水面平静与水深，必须修筑防波堤。锚地是供船舶抛锚候潮、避风、办理进出口手续、接受船舶检查、过驳装卸等停泊的水域。锚地要有足够的水深，锚地的底质一般为泥质或沙质，使锚具有较大的抓力，且应远离礁石、浅滩等危险区。这里的航道指的是船舶进出港航道，为保证安全通行，航道必须具有足够的深度和宽度。

（2）港口陆域。凡是在港口范围内的陆地统称为陆域，陆域由以下几个部分组成。

1）码头与泊位。码头主要供船舶停靠，以便货物装卸，码头前沿线既是港口的生产线，也是港口水域和陆域的交接线。泊位是供船舶停泊的位置，一个泊位供一艘船舶停泊，泊位根据船舶外形的不同而存在差异。

2）仓库和堆场。仓库和堆场是供货物装船前和卸船后短期存放使用的，多数较贵重的货物都在仓库内堆放保管，经得起风吹雨淋的货物（如矿石、建材等）可放入堆场保管。

3）铁路及道路。货物在港口的集散一般需要通过陆路交通，因此铁路和公路是港口陆域上的重要设施。当有大量货物需要采用铁路运输时，需设置专门的港口车站。公路对于港口货物的集散也起到了重要的作用,对于有集装箱运输的港口,道路系统尤为重要。

4) 起重运输机械。现代港口装卸工作基本是由各种机械来完成的,用于起吊货物的机械称为起重机械,用于搬运货物的机械称为运输机械。它们在港口可对船舶、火车和汽车进行货物装卸工作,在船舱内进行各种搬运、堆码和拆垛工作,在货场进行起重、搬运、堆码、拆垛等工作。

5) 辅助生产设施。为维护港口的正常生产秩序,保证各项工作得以顺利进行,港口还需要在陆域配备一些辅助设施,如给排水系统、输电配电系统、燃料供应站、船舶修理站、办公用房等。

四、航空运输设备

航空运输又称飞机运输,它是在具有航空线路和飞机场的条件下利用飞机作为运输工具进行货物运输的方式。

1. 飞行区

跑道是供飞机起飞、着陆、滑跑等的场地。跑道数量主要取决于航空运输量。跑道长度是机场的关键参数之一,它与飞机的起降安全直接相关。跑道的方位是指跑道的走向,主要与当地的风向有关。

滑行道是指从跑道到航站区的通道,已着陆的飞机通过滑行道迅速离开跑道,不与其他飞机产生干扰。同时,滑行道也是飞机由航站区进入跑道的通道,且将性质不同的航站各功能分区连接起来。

2. 停机坪

停机坪包括站坪、维修机坪、隔离机坪、等待起飞机坪等。停机坪上设有机位(供飞机停放的划定位置)。航站楼空侧所设停机坪称作站坪,可供飞机滑行、停驻、加油等。

3. 航站楼

航站楼是航站区的主体建筑。航站楼一侧连着停机坪,另一侧与地面交通系统相连。货物运输在航站楼内办理各种手续,并进行必要的检查,以实现运输方式的转换。

4. 目视助航设施

为了满足飞行员的目视要求,保证飞机的安全起飞、着陆、滑跑,应在跑道、滑行道、停机坪及相关区域设置目视助航设施,包括指示标、信号设施、标志物等。

5. 地面活动引导和管制系统

地面活动引导和管制系统是指由助航设施和程序组成的系统。该系统的主要作用是使机场能安全地解决运行中提出的地面活动需求，即防止飞机与飞机、飞机与车辆、飞机与障碍物、车辆与障碍物、车辆与车辆之间的碰撞等。

五、管道运输设备

管道运输是指利用管道输送气体、液体和粉状固体的一种运输形式。与其他运输方式相比，管道运输具有运量大、安全性好、劳动生产率高、耗能低、运费低等优点。但其运输方式不灵活，承运货物比较单一，因此适用于单向、定点、量大的货物运输。

1. 输油管道

输油管道主要由离心泵与输油泵站、输油加热炉、储油罐、管道系统、清管设备、计量及标定装置等组成。

（1）离心泵与输油泵站。离心泵是一种将机械能（或其他能量）转化为液体能的水力机械，它也是国内外输油管线广泛采用的原动力设备，是输油管线的"心脏"。输油泵站的基本任务是供给油流一定的能量（压力能或热能），将油品输送到终点站（末站）。

（2）输油加热炉。在原油输送过程中对原油采用加热输送的目的是使原油温度升高，防止输送过程中原油在输油管道中凝结，减少结蜡，降低动能损耗。

（3）储油罐。储油罐是一种储油设备。油罐按建造材料可分为金属油罐和非金属油罐两种。应用较为广泛的是钢质金属油罐，其安全可靠，经久耐用，可储存各种油品。非金属油罐一般建在地下或半地下，用于储存原油或重油，容积小，易于搬迁，非金属油罐抗腐蚀能力比金属油罐强，缺点是易渗漏，不宜储存轻质油品。

（4）管道系统。输油系统一般采用有缝或无缝钢管，大口径者可采用螺旋焊接钢管。无缝钢管壁薄、质量轻、安全可靠，但造价高，多用于工作压力高、作业频繁的主要输油管线。焊接钢管又称有缝钢管，是目前输油管道的主要用管。输油管道的线路包括管道，沿线阀室，穿越江河、山谷等的设施，以及防腐保护设施等。为保证长距离输油管道的正常工作，还设有供电和通信设施。

（5）清管设备。油品运输过程中，管道结蜡会使管径缩小，造成输油阻力增加、输油能力下降,严重时会使原油丧失流动性,导致凝管事故,清管设备可有效清除管道结蜡。

(6)计量及标定装置。为保证输油计划的顺利完成,加强输油生产管理,必须在长输管线对油品进行计量,以及时掌握油品的收发量、库存量及耗损量。管道常用的流量计有容积式流量计和涡轮式流量计两种。计量系统由流量计、过滤器、温度及压力测量仪表、标定系统、排污管五部分组成。

2. 输气管道

输气管道主要由矿场集气管网、输气站、输气干线、城市配气管网等组成。

(1)矿场集气管网。集气过程指从井口开始,经分离、计量、调压、净化和集中等一系列过程,到向干线输送为止。集气设备包括井场、集气管网、集气站、天然气处理厂、集气总站等。

(2)输气站。输气站又称压气站,核心设备是压气机和压气机车间,任务是对气体进行调压、计量、净化、加压和冷却,使气体按要求沿着管道向前流动。由于长距离输气需要不断供给压力能,故沿途每隔一定距离(一般为110~150 km)设置一座中间压气站。

(3)输气干线。输气干线是指从输气首站开始到终点配气站为止的管道,由于输气管道输送的介质是可以压缩的,其数量与流速、压力有关。压缩机站与管道是一个统一的动力系统,压缩机的出站压力就是该站所属管道的起点压力,终点压力为下一个压缩机站的进站压力。一般来说,输气干线可以有一个或多个压缩机站。

(4)城市配气管网。城市配气管网是指从配气站(即干线终点)开始,通过各级配气管网和气体调压,按用户要求直接向用户供气的过程。配气站是干线的终点,也是城市配气的起点与枢纽。气体在配气站内经分离、调压、计量和添味后输入城市配气管网。城市一般都设有储气库,可调节输气与供气间的不平衡。

培训课程 3 运输企业岗位设置

一、运输企业组织结构的类型

1. 直线型组织结构

运输企业直线型组织结构（见图3-5）是传统的、普遍的组织形式，由运输企业的组织结构模式、功能和作业流程来决定。

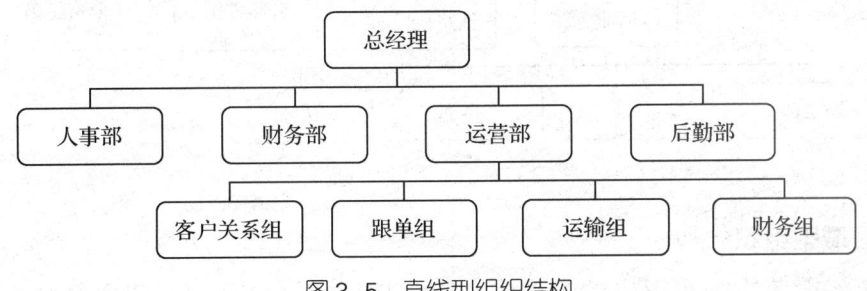

图3-5 直线型组织结构

2. 直线职能型组织结构

直线职能型组织结构（见图3-6）是按职能划分部门，并按所划分的职能部门来组织经营活动的模式。配送业务部是运输企业的核心部门，按照配送活动的基

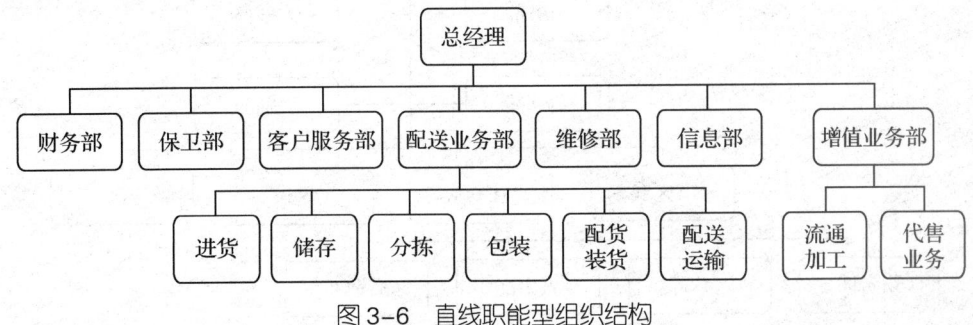

图3-6 直线职能型组织结构

本职能进行该部门的划分，其他职能部门（如财务部、保卫部等）都是保证配送活动顺利进行的辅助职能部门。

3. 产品型组织结构

随着配送产品的多样化，所有产品的配送工作全部集中在配送业务部，给企业运行带来了困难。在这种情况下，可按所配送的产品或产品系列来进行组织结构设计，建立产品型组织结构（见图3-7），即划分管理单位，把同一产品或服务的生产或销售工作集中在相同的部门组织进行。总经理将具体配送产品的权力授权给各类产品事业部经理。

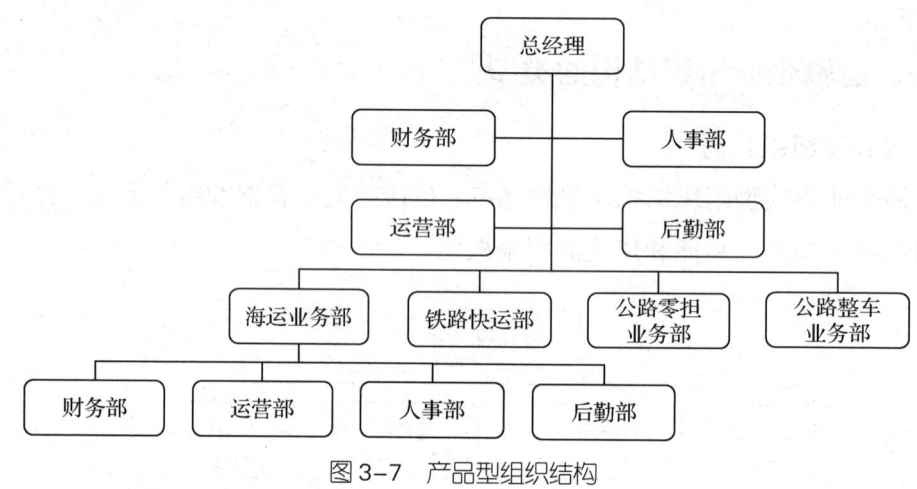

图3-7　产品型组织结构

4. 区域型组织结构

对于经营范围分布很广的配送中心，可按区域划分部门，建立区域型组织结构（见图3-8），即将某一特定地区内的运输配送活动集中在一起，委托给某管理

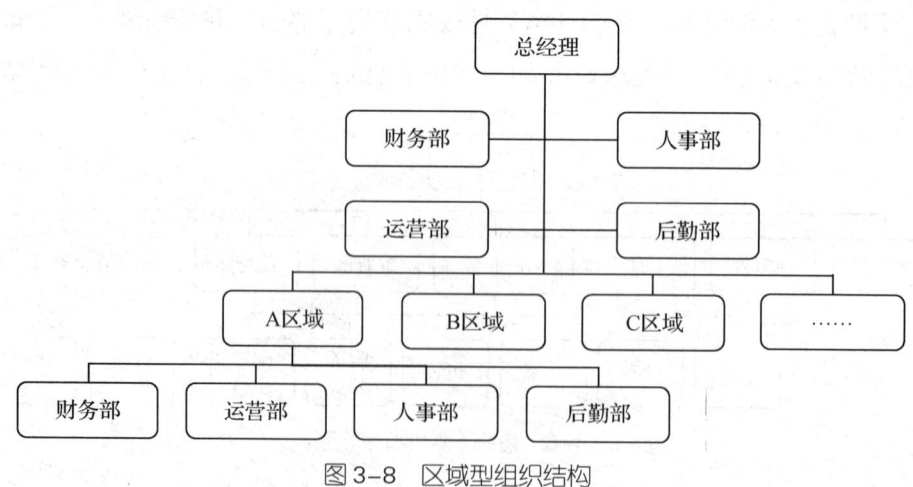

图3-8　区域型组织结构

者进行管理，充分利用和整合同一地区的人力资源和财务资源，以获取区域经营效益的最大化。

5. 事业部型组织结构

运输企业采取事业部型组织结构（见图3-9），按生产特点、地区和经营部门分别成立若干个区域公司，各区域公司分别对自己所辖的公司工作负责，实行独立经营、单独核算。企业最高管理机构只保留人事决策、财务控制、价格幅度规定、监督等权力，并通过主要利益指标对各事业部进行控制。

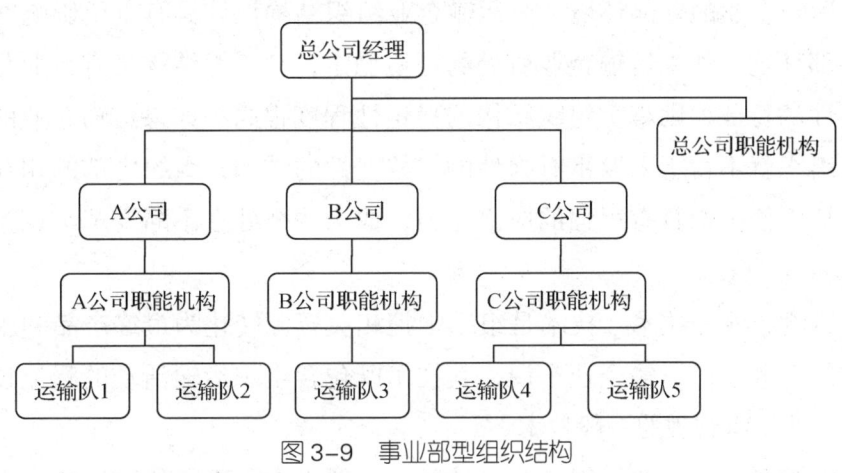

图3-9　事业部型组织结构

二、运输企业组织结构的设计

运输企业作为从事运输服务的组织，其组织结构的合理性将直接影响运输企业经营目标的实现。

运输企业组织结构设计是指建立或改造运输企业组织的过程，是对组织活动和组织结构的设计和再设计，是把任务、流程、权力和责任进行有效组合和协调的活动，是将实现组织目标所要完成的工作划分为若干个性质不同的业务工作，然后把这些工作"组合"成若干个部门，并确定部门职责与职权的过程。

1. 影响运输企业组织结构设计的因素

（1）运输企业的规模。不同规模的运输企业会采用不同的组织结构形式。小型运输企业的组织结构一般采用较简单的直线型或直线职能型；较大规模的运输企业会采用区域型或事业部型。同一个运输企业在发展的过程中，随着规模的扩大和复杂化，也会对组织结构进行变革。

（2）运输企业的战略。组织战略是实现组织目标的基本手段，它决定组织在一定时期内的活动方向和水平，组织战略的变化必然会导致组织的变化。为了实现组织目标，组织结构设计必须服从组织战略的需要，只有按照这一要求设计的组织，才能成为实现组织目标有效和可靠的依托。

组织战略对组织结构设计具有两方面的影响：一是不同的组织战略要求有不同的组织任务和职能，这就会影响组织的职能、职位、职权及规范制度的设计；二是组织战略的变化和调整会影响组织的工作重点，以及各职能部门和职位在组织中重要性的变化，由此引起职能部门和职位及其相互关系的调整。

（3）运输企业的外部环境。对运输企业组织结构设计具有重要影响的是企业所在的外部环境。如果运输企业所处的环境稳定，其组织结构具有专业化、分工性与阶层性的特征，则整个组织结构的稳定性程度很高；如果运输企业的环境动荡不定，组织就不得不采取富有弹性的、权变性的结构，组织内部的相互依赖程度增加，从而使组织具有很强的应变能力，成为一个处在不断变革与调整中的经济有机体。

（4）运输企业的技术。技术是组织中把相关资源转化为最终产品和服务的能力和方式的总和。对运输企业来说，其技术既包含组织运输活动的物流技术，也包含运输企业组织管理的一般技术。

物流技术对运输企业组织结构设计具有重要影响，不同的物流技术水平和物流技术装备对企业活动内容的划分、部门的设立、职能的设计、职务的设置、权力的配置、组织制度的规范内容和实施方式、各部门之间的关系，会有不同的要求。例如，计算机和信息网络技术会极大地改变运输企业组织活动的内容、组织的构成、组织的权力配置和权力关系，以及运输企业组织制度规范的要求，形成高度集约化的组织形式。

2. 确定运输企业组织结构的原则

（1）精简。精简是指企业经营管理的各类机构的组建应同企业的经营规模和经营任务相适应，企业要在服从经营需要的前提下，因事设机构、设职，因职用人，尽量减少不必要的机构和人员，以达到组织结构设置的合理化，提高工作效率。同时，还要求企业各级组织结构具有明确的职责范围、权限，以及相互间的协作关系；具有健全和完善的信息沟通渠道；制定合理的奖惩制度，以发挥职工的主动性和积极性。

（2）统一。统一是指企业的各部门、各环节的组织结构必须是一个有机结合的统一的组织体系，形成职责、权限分明的等级链，不得越级指挥与管理。实行这种指挥的优点是：谁命令、谁执行都很清楚，执行者负执行的责任，指挥者负指挥的责任，自上而下逐级负责，层层负责，保证经营任务的顺利进行。

（3）自主。自主是指企业等级链上的各部门都在各自的职责和权限范围内独立自主地履行职能，充分发挥各级组织结构的主动性和积极性，提高工作效率。上级不能随意否定下级在其职权范围内做出的决定。自主的原则是统一领导和分级管理，遵循原则性与灵活性相结合的要求。

（4）高效。高效是建立组织结构必须遵循的根本原则，它是验证组织结构合理与否的准绳。组织结构必须以完成经营目标和任务为准绳，必须具有管理工作的高效率和经营的高效益。因此，组织结构必须科学分工，明确职责，实行责、权、利的统一，以提高管理效率和全员劳动效率。

上述各项原则是现代运输企业建立和健全管理组织结构时应当遵循的基本原则。每个运输企业在具体实践中，要根据本企业的具体情况和特点有所侧重；同时，还要正确处理好相互之间的一些关系，如统一指挥与分级管理、集权与分权、综合管理与专业管理、领导者与被领导者的关系等。

3. 运输企业组织结构设计的基本步骤

（1）确立组织目标。通过充分收集及分析企业内部与外部资料，进行组织结构设计前的评估，以确定组织目标。首先，要把关键性目标与目标的全面性结合起来；其次，要把灵活性与统一性结合起来；最后，要把目标的可行性与挑战性结合起来。

（2）划分业务工作。一个组织是由若干部门组成的，根据组织的工作内容和性质，以及工作之间的联系，将组织活动组合成具体的管理单位，并确定其业务范围和工作量，进行部门的工作划分。运输企业的一般业务工作包括业务接洽、询价、跟单、发车、交接、客户管理等。

（3）提出组织结构的基本框架。按运输企业组织结构设计要求，决定组织的层次及部门结构，形成层次化的组织管理系统。

（4）确定职责和权限。明确规定各层次、各部门、各职位的权限和责任。一般用职位说明书、岗位职责规定等文件形式进行明确规定。

（5）设计组织的运作方式

1）设计联系方式，即设计各部门之间的协调方式和控制手段。

2）设计管理规范，确定各项管理业务的工作程序、工作标准和管理人员应采用的管理方法等。

3）设计各类运行制度。

（6）决定人员配备。按职务、岗位及技能要求，选择配备适当的管理人员和员工。

（7）形成组织结构。对组织结构设计进行审查、评价及修改，并确定正式组织结构及组织运作程序。

（8）调整组织结构。根据组织运行情况及内外环境的变化，对组织结构进行调整，使之不断完善。

三、运输企业岗位及其主要职责

根据运输企业业务流程，可设置的岗位及其主要职责见表3-11。

表3-11 运输企业岗位及其主要职责

岗位名称	主要职责
运输调度主管	负责制订合理、科学的运输计划、车辆运营计划，并组织实施 在工作中完善运输业务工作流程与标准，保证运输过程符合国家交通运输法规，确保运输安全 及时处理运输过程中的突发事件，制定解决措施，及时总结问题产生的原因
装卸搬运员	负责车辆装卸、货物搬运、货物堆码作业
机械技术管理员	负责装卸、搬运机械设备操作 负责设备维修与养护
配货员	根据客户订货的要求和组织运输要求，对出库商品进行分拣、拣选和配货
送货员	制订合理的送货方案，调度车辆和人力，将货物送交客户
客服	负责接收和传递客户的订货信息、送达货物的信息，处理客户投诉，受理客户退货请求
财务专员	负责核对进出货表单、库存管理表单、送货完成表单 负责协调、控制、监督整个配送中心的货物流动 负责管理各种费用发票和物流收费统计、费用结算
退换货处理员	负责接受客户退换货信息，安排车辆回收退换商品；在仓库退换货处理区集中进行清点整理，执行相关退换货处理规定及要求

培训课程 4

运输作业流程

一、订单受理

订单受理是运输业务的重要流程，改善订单受理过程，缩短订单受理周期，提高订单满足率与供货正确率，能提高运输企业客户服务水平，同时降低物流总成本，确保企业竞争优势。订单受理流程如图 3-10 所示。

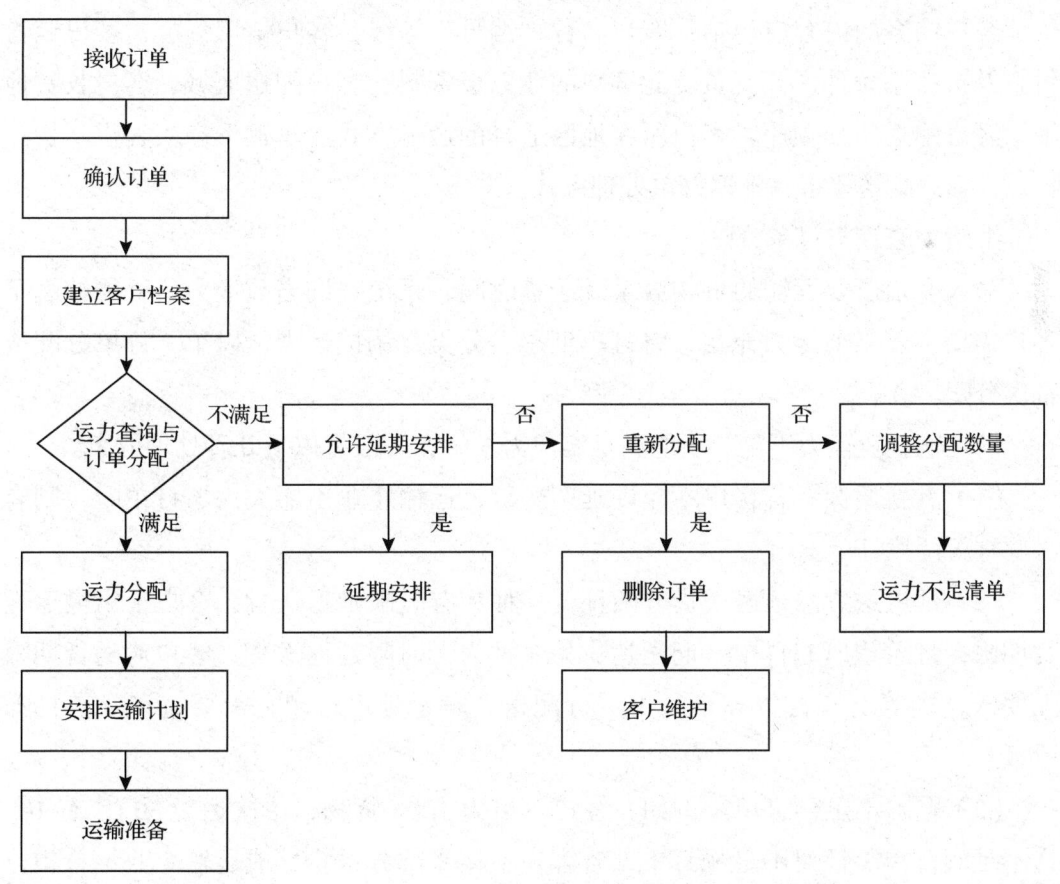

图 3-10 订单受理流程图

1. 接收订单

接受订货的第一步是接收订单，接收订单的方式包括传统订货与电子订货两种。

2. 确认订单

（1）确认所需货品的名称、数量、交期。

（2）确认客户信用。核查客户的财务状况，一般是核查客户应收账款是否超过信用额度。

（3）确认订单形态。订单形态包括一般交易、现金交易、间接交易、合约式交易、寄库存式交易等。

（4）确认订货价格。不同客户、不同数量可能有不同的货物价格，在输入价格时应审查，若输入价格不符（输入错误或业务员降价强接单），应予以锁定，以便主管审核。

（5）确认包装方式。确认客户对所订货物是否有特殊的包装、分包装、贴标签等要求。

3. 建立客户档案

客户档案的内容应包括：客户名称、编号、等级，客户信用额度，客户销售付款及折扣率条件，开发负责此客户的业务员资料，客户配送区域，客户收货地址，客户配送路径顺序，客户所在地区适合的运输方式、车辆形态，客户卸货点特点，客户配送要求，延迟订单处理方式。

4. 运力查询与订单分配

输入客户所要运输的货物数量及送货时间，系统查询当前运力是否能够满足客户需要。若当前运力充足，将订单汇总、分类，调拨运力，以单一订单分配或批次分配。

若运输企业运力不足、不能满足客户需求时，一般有以下几种处理方案。

（1）重新调拨。若客户不允许延期送货，运输企业不愿失去该订单时，则有必要重新调拨订单。

（2）延迟送货。延迟送货分两种：一种为有时限延迟送货，客户给出最迟送货期限，且希望所有订单一起送达；另一种为无时限延迟送货，客户对送货期限无要求，则等所有订货齐全后再进行配送。对于延迟订单，需要有记录存档与看板。

（3）删除不足额订单。例如，客户订单为 100 t 货物，单次运力 30 t，有 10 t 为不足额订单。针对不足额订单，若客户不接受部分送货，或运输企业不希望分批送货时，则删除不足额订单；若客户不接受延迟送货，运输企业也无法重新调拨时，则删除不足额订单。

（4）取消订单。若客户希望所有订单一起到达，且不允许延期交货，运输企业无法重新调拨，则取消订单。

二、入站集货

1. 货物入站

（1）入站卸货。取派司机取货完成后返回货运中心，现场操作员指挥取派司机将车辆停靠在指定的交接场地，取派司机打开货车车门，并按照相关货物装卸规范进行货物卸载，同时检查货物的完好性，如图3-11所示。

（2）货物交接。卸货完毕以后，取派司机应当检查车厢内部，防止货物遗漏。确认无误后，取派司机应及时归还取货设备，取派司机将取/派通知单和货物与现场操作员进行交接，现场操作员逐件检查货物外包装、进行运单粘贴等，如图3-12所示。

图3-11　入站卸货

图3-12　货物交接

（3）入站操作。现场操作员使用手持终端逐件扫描货物，同时进行取/派入站操作，如图3-13所示。扫描完成后，现场操作员根据扫描的货物信息，逐票核对货物与取/派通知单的货物信息是否一致。确认无误后，在取/派通知单中签字确认。现场操作员确认货物无误后，撕下"费用结算联"，存根联留档。

2. 集货分拨

货物入站交接完成后，进行集货分拣作业。

图3-13　入站手持终端操作

（1）分拣准备。分拣理货前做好相应的准备工作，如人员、分拣工具、劳保用品等的准备，由现场操作员将笼车搬运到分拣线的两侧，如图3-14所示，同时打开输送线。

（2）分拣实施。负责分拣作业的现场操作员将货物搬运至分拣线，如图3-15所示。分拣人员站在分拣线旁的笼车前，根据货物粘贴的标签信息进行分拣作业，重点查看货物标签上的目的站信息，确认待分拣货物的运输方向，并将待分拣货物直接搬运至暂存笼车内，如图3-16所示。

图3-14 分拣准备

图3-15 将货物搬运至分拣线

（3）整理现场。集货分拨完毕后，现场操作员将货物入站集货所使用的各种设备、工具归位，清理操作现场，保持干净整洁并检查有无遗留货物，如图3-17所示。

图3-16 将货物分拣至笼车内

图3-17 整理现场

（4）注意事项

1）取货时，较轻的货物用两手拖住两侧取下，较重的货物要用双手拖住底部或抓紧两侧的抓握位，贴近身体顺传送带的方向用力取下，防止扭伤腰部。

2）待分拣线上所有的货物分拣完毕后，将笼车推回暂存区，并进行正确码放，同时关闭输送线。

3）全部货物集货分拨完毕后，现场操作员需要及时告知调度员。

三、货物在途

在途货物跟踪管理可准确方便地处理货物出入库、采购、调拨、变更、回收等环节。在途货物跟踪管理记录并跟踪所有在途货物的运输状态及变更情况，从而提高物资管理工作效率，提高在途物资的安全性和运输企业客户服务水平，对于赢得客户信任、获得竞争优势具有举足轻重的作用。

1. 在途货物跟踪管理的主要内容

在途货物跟踪管理的主要内容如图3-18所示。

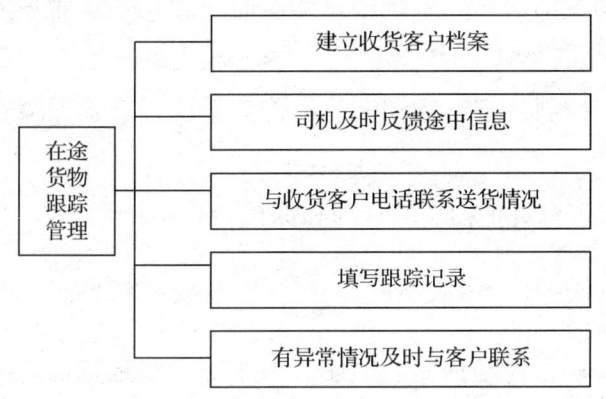

图 3-18 在途货物跟踪管理的主要内容

2. 在途货物跟踪管理的信息

（1）车辆运行速度。

（2）车辆实时位置。

（3）沿途道路状况。

（4）线路周边环境。

（5）车辆里程。

（6）车辆货柜门开启情况。

（7）解封签、卸货、车辆或柜内货物等情况照片。

（8）车辆油耗。

（9）车辆冷柜内温度情况。

（10）调度、提示、问候等信息。

3. 在途货物跟踪的作用

（1）使客户查询作业简便迅速，信息准确，实时掌握所运货物的状态。

（2）便于对货物进行事前事中控制，提高货运的准确性、及时性、安全性。

（3）通过随时随地对在途物资信息的跟踪收集，并在供应链管理平台进行有效信息共享，便于客户进行接货和后续工作的安排。

（4）有利于合理调配资源，减少资源浪费，节约成本，防止企业资产流失。

（5）有助于实现货物管理的整齐有序性，实时性好，使企业的货物管理能力得到质的提高。

（6）通过引进 RFID（射频识别）技术，可以自动采集和实时更新在途货物信息，实现在途货物变动信息与系统信息的实时一致，便于管理人员及时了解物资的详细情况。

（7）随时跟踪控制特定车辆和人员的作业情况，有效保障在途车辆和在途货物的运行安全。

（8）更好地实现对贵重物品的管理和保护。

四、干线到达

干线运输物流是指伴随铁路、船舶、卡车等干线运输而产生的物流，如在城市设有进出城的港湾、机场、货物车站、卡车终端等。干线货物到达中转站的处理流程如下。

1. 接收干线到达货物

根据公司相关规定接收快、零货物；遇大票、特殊货物时必须与相关部门协商定价与备车。

2. 核对、点数、装载

查阅表单内容，与每件包装箱粘贴的标识内容进行核对，单、货内容不符时，需及时与仓管员进行协商，查明原因，立即纠正。

点数要逐单仔细清点，发现货物有损坏、差错时，需及时与仓管员进行协商，更换包装或记录差错必须做到准确无误。

装载需根据货量合理利用运输工具空间，做到重货铺底、均衡分布、口盖正向、软硬隔离、轻拿轻放、箭头朝上、大不压小、重不压轻、不倒置摆放、不拖拉货物、不抛扔物品、不野蛮装载。

3. 单据交接

接收货物司机与仓管员做好相关单据交接工作，确认无误后在储运部商品发运情况记录表上签名确认。

4. 封车、发车

检查门锁、雨布等，按运营部规定的时间、路线准时发车。

5. 到达、提前通知

车辆行驶到距离中转站约 30 分钟时，打电话通知中转站，以便中转站做好分流准备。

6. 车辆到达检查

车辆到达中转站后，司机与分流主管一同对车辆门锁、雨布等进行检查，如果发现问题，应立即向上级报告。

7. 单据交接

分流主管和会计对单据进行整理，留随货同行联发货，代收款、签回单的另做统计；核对货物运单与清单，清单内容与运单不符之处应及时进行纠正，在清单上做记录并查明原因。

8. 点数、卸载入库

点数、卸载发现少货、多货时，应登记在卸载异常记录表上，及时与相关部门沟通、查找；当天未到的货物及时与发货部门、客服部联系查找并做记录。

9. 安排中转、分流

分流主管安排中转工作，通知中转供应商自提或外送；操作按出库和装载相关规定严格执行。

10. 出库分流、中转

分流员与司机按照整理后运单、清单开点数单，清点货物，在出库记录表上登记、签名，一同从近到远发货。

11. 与中转站核对点数、议价

货物运达中转站，进行货物交接点数，中转站经办人确认无误后注明"货已收讫"，加盖中转站公章，并签全名。

签名的点数单在中转站存档，发现点数单点到的而中转时少货的，由发货员或司机承担货物丢失理赔责任。

若有代收款的，将点数单交中转站开代收款委托单，上交财务部。

若有签回单的，将点数单交中转站开单并注明签回单，跟踪是否收回回单。

发现中转站收费不合理，价位明显偏低的，及时与发货部门联系补足差额。

中转站开单要在运单上注明所有要求（如送货、上楼、卸货等）。

遇到大票货、特殊货物时要与中转站议价。

12. 录清单、结账

分流员将中转站当天开具的运单带回中转站，由录单员录入并制作清单，同时核对中转站的运单是否有误。

将中转站盖有公章、签有全名的单据和发货运单送财务部核单结账。

13. 填写中转货物分流情况异常表

将中转站当天的异常情况登记在中转货物分流情况异常表上并汇总分析，同时对分流员与中转站当天的工作做出评估，考核评估中转商并建立档案管理制度。

14. 分单、核算

把货物运单按日期、中转站名称进行分类整理，根据货物运单上的收费金额进行利润核算；再次复核货物运单与中转站所开单据是否有误；将核算异常表上交物流部。

五、网点到达

运输网点依靠自己的集货功能组织多方货源，及时将货物送达目的地，网点可以利用自身的专业优势，以更低的成本、更高的效率满足客户的需求，从而提高经济效益。

1. 总包交接验收

（1）引导运输车辆安全停靠到指定的交接场地。

（2）核对运输车辆牌号，查看送件人员身份。

（3）核对运输车辆送件人员提交的交接单内容。

（4）核对到站快件运输车辆的发出站、到达站/终点站、出发/到达时间，并在交接单上注明实际到达时间。

（5）检查车辆封志是否完好，卫星定位系统记录是否正常。

（6）核对总包数量与交接单载明信息是否一致。

（7）检查总包是否有破损、液体漏出等异常现象。

（8）交接结束时，在货物交接单上签名、盖章。

2. 总包拆解

总包拆解就是开拆接收的进站总包，将快件由总包转换为散件。

（1）人工拆解总包

1）验视总包路向，检查快件总包封装规格。不能拆解误发的总包，应将其剔除并交作业主管。

2）扫描包牌条形码信息。扫描不成功或无条形码的，手工录入总包信息。

3）拆解铅封时，剪断容器封口封志的扎绳，不要损坏其他部分；保持包牌在绳扣上不脱落。拆解塑料封扣时，剪口应在拴有包牌一面的扣齿处，以保证包牌不脱落。

4）倒出快件后，应采用三角倒袋法或翻袋法确认总包空袋内无遗留快件。

5）检查由容器内拆出的封发清单所填写内容是否正确，并将快件封发清单整齐存放。

6）如有易碎快件，必须轻拿轻放。

7）逐件扫描快件条形码，同时验视快件规格。

8）拆出的破损、水湿、油污、内件散落等快件以及不符合规格的快件，应及时交作业主管处理。

9）区分手工分拣和机械分拣快件，将需要机械分拣的快件运单向上，按顺序摆放。

10）超大、超重等不宜机械分拣的快件和破损、易碎物品快件要单独处理。

11）拆解结束时，检查作业场地有无遗留快件和未拆解的总包。

（2）机械拆解总包

1）检视快件总包路向，剔除误发的总包。

2）使快件总包袋鱼贯进入开拆轨道，处理完一袋总包后再开拆下一袋总包。

3）扫描包牌条形码信息。扫描不成功或无条形码的，手工录入总包信息。

4）拆塑料封志时，拴包牌一面剪口在扣齿处，保持包牌不脱落。如果拆绳封的快件总包时，应该剪断一股绳，不可损伤其他部分，保持包牌在绳扣不脱落。

5）核对拆出的封发清单登记内容。

6）逐件扫描快件条形码，与接收的信息比对。

7）一袋总包开拆完毕，将快件贴有运单的一面向上，整齐放到传输机传输分拣。

8）拆解易碎物品总包时，调整货车升降尾板高度将总包袋口接近工作台，轻拿轻放取出快件，检查快件有无水湿、渗漏、破损等情况。

9）如果快件总包内有保价快件、优先快件，应检视快件包装，将运单填写内装物品名称与清单进行核对，单独封发处理。

10）将不能机械化分拣的快件，转交其他工作人员进行手工处理。

11）快件总包拆解完毕后，检查总包空袋内有无遗留快件，将总包空袋移出作业台。

12）拆解遇到问题件时，应及时通知主管处理。

13）拆解结束，注意将拆解实际件数（拆解系统统计）与系统信息进行比对。

14）工作结束，关闭设备电源，退出拆解系统。

15）检查作业场地周围有无遗漏快件，清扫作业场地，将扫描工具、专用钳等用品用具集中保管。

3. 货物封发

快件分拣后要进入后续的快件封发流程，主要包括登单、封装和装车发运。

（1）登单。总包内的散件在传递给目的地分拣中心处理前，需要对散件进行封发清单登记。清单内容包括清单号码、始发地、目的地、快件号码、寄达地、种类和总数。

（2）封装。封装是指货物在中转场或分拨中心按目的地分拣后，装入总包运往目的地分拨中心或更高一级的中转场或分拨中心再次进行分拣。货物封发又分为快件的直封和中转。

1）直封。分拣中心按货物的送达地点把货物封发给送达城市分拣中心。

2）中转。分拣中心把送达地点的货物封发给相关的中转分拣中心，经再次分拣处理后封发给送达城市分拣中心。

（3）装车发运

1）引导运输车辆停靠在指定的交接站台。

2）检查司机的身份是否真实。

3）检查运输车辆是否符合公司车辆安全运行标准。

4）与司机核对总包的数量与交接单内容是否一致，规格是否符合要求。

5）监督快件搬运装车工作，确保总包堆码拼装符合运输要求。

6）填写出站快件交接单，注意检查是否有遗漏栏目和不符信息。

7）交接双方在交接单上签名、盖章，并如实记录实际发车时间。

4. 运输车辆封志的建立

货物装入车辆后，需对车辆进行加封。对运载快件的车辆施封是确保货物安全送达的有效手段。建立车辆封志的步骤如下。

（1）关闭车门。关闭车门前应检查快件堆码是否符合要求，作业场地周围是否有遗漏快件。

（2）加封封志。应在车门指定位置施封，加封过程应至少有两人在场。

（3）检查封志。检查 GPS（全球定位系统）是否正常，封志是否牢固，条形码是否完好无损。

（4）登记封志条形码。将封志条形码号登记在出站货物的交接单上。

（5）双方交接确认。交接双方对施封过程无异议，在交接单上签字确认。

六、货物派送

货物派送是指把货物送到第三方或客户指定地点。

1. 派送准备

（1）单证准备。准备工作证（上岗证）、收据或发票、零钱或收款码、行车证件。

（2）交通工具及相关工具准备

1）确认交通工具的工作状况良好。

2）确保交通工具清洁，防止污染快件。

3）准备便于将货物上的面单完整取下的小剪刀。

（3）个人仪容仪表准备

1）穿着整洁干净的工作服，佩戴工牌。

2）整理个人仪容、仪表，调整好情绪。

（4）业务准备

1）阅读网点内部宣传栏，掌握公司新的业务动态及相关操作通知。

2）了解工作安排（由指定人员安排），并做好相应的准备。

2. 货物交接

（1）仓管员将货物唱数给业务员（点数交接），若数量不符，可以与业务员一起逐票扫描。

（2）业务员清点快件数量并核对是否有外包装破损、分错件、地址错误、超范围、件数明显有误、到付价格明显有问题等异常快件。

（3）数量确认无误后交接，双方在派件表上签名确认。

3. 派送安排与装车

（1）派货员根据所接收货物的派送地址，结合自己所管辖的服务区域，合理安排派送线路。

（2）根据派送线路，将货物按顺序整理装车。

4. 送至客户

（1）确认客户地址并预约派送时间。如果是到付件，应提前致电客户，确认客户愿意支付后，再予以派送。

（2）妥善停放交通工具，确保交通工具的安全且不得阻碍他人通行，不违章停放。

（3）妥善放置其他尚未派送的快件，禁止将快件放置在无监控或无人看管的区域。

（4）到达客户处，进门前整理好个人仪容仪表。

（5）若客户公司要求办理相关进出入登记手续，应主动配合并及时归还客户的相关证明，如来访证、临时通行证等。

5. 交单交款

（1）派送员整理好回单及未妥投的货物，将其与派件表进行核对，并在派件表上对未妥投件注明未妥投的原因。

（2）将回单、未妥投件、派件表一起交给仓管员，仓管员当面核对无误后在派件表上签字确认，由仓管员对未妥投件进行入库扫描操作。

（3）将所有款项在规定的时间内上缴公司。

 **相关链接**

派送员岗位要求与职责

1. 派送员岗位要求

（1）身体健康，品貌端正，无不良嗜好，体力充沛，吃苦耐劳。

（2）有一定的阅读能力、计算能力、逻辑思维能力。

（3）富有工作激情，具有强烈的敬业精神及良好的思想道德品质。

（4）具有较强的语言沟通能力及良好的团队协作精神。

（5）性格开朗、外向，工作主动、积极，有较强的学习能力。

（6）自带运输工具者，要求相关手续齐全，需要有驾驶证、行驶证。

2. 派送员岗位职责

（1）认真执行公司各项规章制度和标准化操作流程。

（2）在公司规定时间内，安全、快捷、准确地完成日常取派送工作。

（3）确保客户小件不受损失，确保公司利益不受侵害。

（4）妥善处理客户提出的各种需求，维护公司在客户心中的良好声誉。

（5）及时派送月结客户对账清单及发票。

（6）及时准确地将现结、应收、代收等款项交给财务。

（7）负责所辖区域客户的开发和维护工作。

3. 派送员辅助职责

（1）宣传公司新业务及服务措施。

（2）做好新入职同事的传、帮、带工作。

（3）收集客户需求、建议及意见，并及时反馈。

（4）承办上级领导及上级管理部门交付的其他工作。

（5）协助分（点）部负责人处理其他应急事务。

职业模块 ④
货运代理基础知识

培训课程 1 航空物流业务

一、国际航空货物运输的概述

1. 国际航空货物运输的定义

国际航空货物运输是指货物的出发地、约定的经停地和目的地之一不在同一境内的航空运输。

国际航空运输主要在国际航线上进行。国际航线是通过政府间的双边航空运输协定建立的。在运输过程中为保证国际航行的安全和效益,必须按统一的程序和规则进行广泛的国际合作。

2. 国际航空运输协会

国际航空运输协会(International Air Transport Association,IATA)是各国航空运输企业之间的联合组织,会员必须是拥有国际民用航空组织成员国颁发的定期航班运输许可证的航空公司。总部设在加拿大蒙特利尔,执行机构设在日内瓦,是世界上最具影响力的航空组织。

和监管航空安全和航行规则的国际民航组织相比,它更像是一个由承运人(航空公司)组成的国际协调组织,管理在民航运输中出现的诸如票价、危险品运输等问题,主要作用是通过航空运输企业来协调和沟通政府间的政策,并解决实际运作问题。

3. 航权

航权是指国际航空运输中的过境权利和运输业务权利,也称国际航空运输的业务或空中自由权,是世界航空业通过国际民航组织制定的一种国家性质的航空运输权利,因为航空运输只要超出国界就涉及其他国家的主权,进行国际航空运输就需要在全球行业范围内有一个统一的规定,航权就是其中的一部分。在国际航空运输中交换这些权利时，一般采取对等原则。根据《国际航空过境协定》和《国际航空运输协定》的规定，常见的九大航权内容见表 4-1。

表 4-1　航权种类和权利

航权种类	权利名称	权利内容
第一航权	领空飞越权	A 国航空器飞越 B 国领空时不降停
第二航权	技术经停权	A 国航空器飞越 B 国领空时，因非商业性原因降停
第三航权	目的地下客货权	A 国航空器在 B 国卸下来自 A 国的客货
第四航权	目的地上客货权	A 国航空器在 B 国装载前往 A 国的客货
第五航权	中间点权或延远权（第三国运输权）	A 国航空器在 B 国装载或卸下前往或来自 C 国的客货
第六航权	桥梁权	A 国定期航班在 B、C 国间进行经停 A 国领土的运营
第七航权	完全第三国运输权	A 国定期航班在 B、C 国之间运营，其始发点和目的点都不在 A 国领土上
第八航权	连续的国内运输权	A 国起飞的定期航班在 B 国领土两点之间进行运营
第九航权	非连续的国内运输权	A 国在 B 国领土两点之间进行运营

4. 国际航空运输的特征（见表 4-2）

表 4-2　国际航空运输的特征

特征	说明
运送速度快	航空运输最突出的优点是快捷，大大缩短了货物在途时间，对于易腐烂、易变质的鲜活商品，时效性、季节性强的时令性商品，以及抢险、救急品的运输，这一特点显得尤为突出。航空运输所提供的快速服务也使供货商可以对市场行情迅速做出反应，获得较好的经济效益
破损率低，安全性好	航空运输的安全性较高，远低于其他运输方式的事故率，其操作流程较其他运输方式严格，货物破损的情况较少。航空运输在途时间短，降低了货物在途风险，因此许多贵重物品、精密仪器也往往采用航空运输的形式
空间跨度大	航空运输利用天空这一自然通道，不受地理条件的限制，对外的辐射面广，空间跨度大。航空运输相较公路运输与铁路运输占用土地少，对地域狭小的地区发展对外运输非常有利

续表

特征	说明
可节省生产企业相关费用	航空运输货物在途时间短，周转速度快，可以相应减少企业存货，有利于资金回收，也可以降低企业仓储费用。航空运输安全、准确，货损货差少，其保险费用较低。与其他运输方式相比，航空运输的包装简单，包装成本低。这些都可以使企业隐性成本下降、收益增加
运价较高	航空运输的运输费用较其他运输方式更高，不适合低价值货物和弱时效性货物的运输
载量有限	航空运输工具的舱容和载重有限，对大件货物或大批量货物的运输有一定的限制
易受天气影响	航空运输对天气要求较高，飞行容易受恶劣气候影响

二、国际航空货物运输的方式

1. 班机运输

（1）班机运输的定义。班机运输是指定期开航，其航线、始发站、目的港、途经站固定的飞机运输。航空公司一般使用客货混合型飞机在搭载旅客的同时运送少量货物。较大的航空公司会在一些航线上开辟定期的货运航班，使用全货机进行运输。

（2）班机运输的特点

1）班机运输固定航线、固定停靠港和定期开航，运力较为稳定，因此国际间货物流通多使用该方式，能安全迅速地到达世界上各通航地点。

2）班机运输可以确切掌握货物起运和到达的时间，这对时效性强的商品、鲜活易腐货物及贵重物品的运送是非常有利的。

3）班机运输一般是客货混载，因此运力有限，大批量的货物往往需要分期分批运输，不能及时运出。

2. 包机运输

（1）包机运输的方式。包机运输的方式可分为整包机和部分包机两类。

1）整包机。整包机指包租整架飞机，即航空公司按照与租机人事先约定的条件及费用，将整架飞机租给包机人，从一个或几个航空港装运货物至目的地。包机人一般需要在货物装运前至少一个月与航空公司联系，以便航空公司安排运载和向起降机场及有关政府部门申请、办理过境或入境的有关手续。

包机的费用随国际市场供求情况变化。原则上包机运费是按每次飞行公里固定费率核收，并按每次飞行公里费用的80%收取空放费。因此，大批量货物使用包机时，要争取来回程都载货，最大化利用货舱。

2）部分包机。部分包机指由多家航空货运公司或发货人联合包租一架飞机，或由航空公司将一架飞机的舱位分别租给多家航空货运公司装载货物。部分包机适用于托运货物不足整架飞机仓容但货量较大的情况。

（2）包机运输的优点

1）解决班机仓位不足的问题。

2）货物全部由包机运出，节省时间和多次发货的手续。

3）弥补没有直达航班的不足，且不用中转。

4）减少货损、货差现象。

5）在空运旺季缓解航班紧张状况。

6）解决海鲜、活动物的运输问题。

3. 集中托运

集中托运是将若干票单独发运的、发往同一方向的货物集中起来作为一票货，填写一份总运单发运到同一到达站的做法。集中托运方式已在世界范围内普遍开展，形成较完善有效的服务系统，成为我国进出口货物空运的主要运输方式之一。

（1）集中托运的限制。集中托运只适合办理普通货物运输，对于适用等级运价的货物，如危险品、活动物、文物等不能办理集中托运。

货物运输目的地相同或临近的可以办理集中托运，目的地相差较远的不宜办理集中托运。

（2）集中托运的特点

1）节省运费。航空货运公司的集中托运运价一般低于航空协会的运价。托运人可节省费用。

2）提供方便。将货物集中托运，可使货物到达航空公司到达地点以外的地方，延伸了航空公司的服务，方便了托运人。

3）提早结汇。托运人将货物交与航空货运代理后，即可取得货物分运单，可持分运单到银行尽早办理结汇。

4. 三种运输方式优缺点对比

班机运输、包机运输和集中托运的优缺点对比见表4-3。

表4-3 国际航空运输方式优缺点对比

运输方式	优点	缺点
班机运输	（1）固定航线、固定停靠港和定期开航 （2）安全迅速	舱位有限，大批量货物难以及时出运
包机运输	（1）运输量大 （2）大批货物一次运输，节省时间和多次发货的手续 （3）减少货损、货差 （4）在空运旺季缓解航班紧张状况 （5）解决特殊货物运输问题	（1）手续复杂，提前时间长 （2）单程运费较高 （3）降落地点受到限制，活动范围较狭窄
集中托运	（1）节省运费 （2）提供方便 （3）提早结汇	（1）只适合普通货物运输 （2）只适合运输目的地相同或临近的货物运输

三、国际航空进出口货运代理业务流程

1. 国际航空出口货运代理业务流程

国际航空出口货运代理业务流程如图4-1所示。

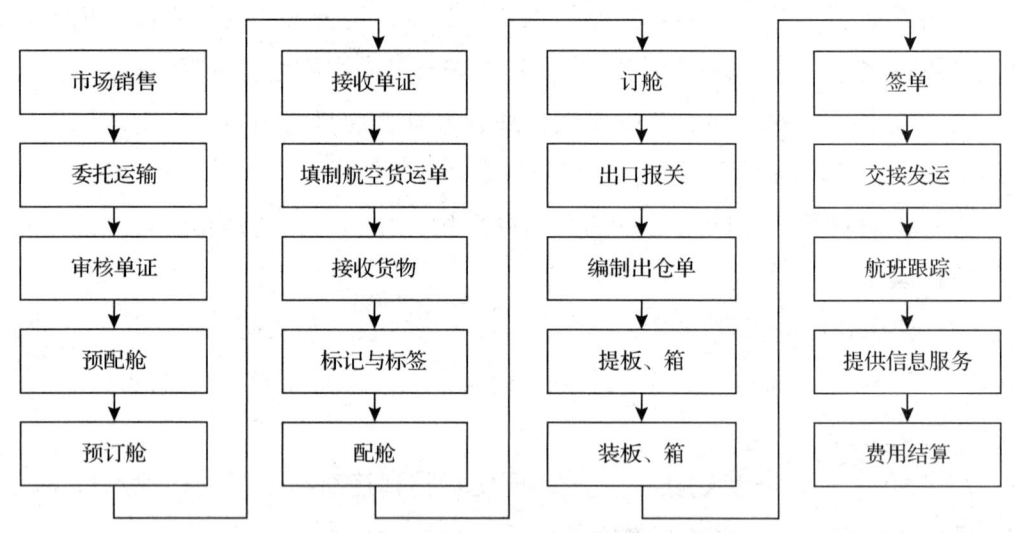

图4-1 国际航空出口货运代理业务流程

（1）市场销售。市场销售即承揽货物，航空货运代理开发货源，提供服务，与出口单位（托运人）就出口货物运输事宜达成意向。承揽货物是航空货运代理业务的核心。

在具体操作时，需及时向出口单位介绍本公司的业务范围、服务项目、收费

标准，特别是向出口单位介绍优惠运价、服务优势等。航空货运代理向托运人进行询问，必须了解以下情况。

1）品名（是否为危险品）。
2）重量（涉及收费）、体积（尺寸大小及是否为泡货）。
3）包装（是否为木箱，有无托盘）。
4）目的机场（是否为基本点）。
5）要求时间（直飞或转飞）。
6）要求航班（各航班服务及价格差异）。
7）提单类别（主单及分单）。
8）所需运输服务（报关方式，是否代办单证、清关派送等）。

（2）委托运输。托运人发货时需要填写委托书并加盖公章，作为托运人委托代理承办航空货运出口货物的依据。航空货运代理根据委托书要求办理出口手续，并据此结算费用。委托时，托运人除应填制国际货物托运书，还应提供贸易合同副本、出口货物明细发票、装箱单以及检验、检疫和通关所需要的单证和资料给航空货运代理。

（3）审核单证。航空货运代理审核单证是否齐全，内容填写是否完整规范。所需要审核的单证根据贸易方式、信用证要求等有所不同，主要包括发票、装箱单、托运书、报关单、汇核销单、许可证、商检证、进料/来料加工核销本、索赔/返修协议、到付保函、关封等。

（4）预配舱。航空货运代理汇总所接受的委托，并计算各航线的件数、重量、体积，按照客户要求和货物的重、泡情况，根据不同航空公司不同箱板的重量和高度要求，制订预配舱方案，并为每票货配上运单号。

（5）预订舱。航空货运代理根据制订的预配舱方案，按航班和日期打印出总的运单号、件数、重量、体积等，向航空公司预订舱。由于此时货物还未进入仓库，预报和实际的件数、重量、体积都可能有差别，配舱时可再做调整。

（6）接收单证。航空货运代理接受托运人送交的已经审核确认的托运书及报关单证、收货凭证，并将计算机中的收货记录与收货凭证核对，制作操作交接单，填写所收到的各种报关单证份数，给每份交接单配一份主运单或分运单。将制作好的交接单、配好的主运单或分运单、报关单证移交下一环节制单。

（7）填制航空货运单。航空货运单包括主运单（AWB）和分运单（HWB），是托运人收结汇的主要有价证券。

（8）接收货物。航空货运代理把即将发运的货物从托运人手中运到自己的仓库。一般接收货物和接收单证同时进行。

（9）做好标记与标签。检查货物的标记与标签，按航空公司要求进行粘贴或拴挂。

（10）配舱。配舱时，要求所有需运出的货物都已经入库，此时核对货物的实际件数、重量、体积和托运书上预报数量的差别，按照各航班的机型、箱板型号、高度等再进行配载。

（11）订舱。按所接受空运货物向航空公司申请并预订舱位。需提供货物的名称、体积、重量、件数、目的地、要求出运的时间、其他运输要求等。订舱后，航空公司签发舱位确认书，同时给予装货集装器领取凭证，以表示舱位订妥。

（12）出口报关。托运人或其代理人在货物发运前，向出境地的海关办理货物出口手续。

（13）编制出仓单。配舱方案制订后可编制出仓单，内容包括出仓日期、承运航班的日期、装箱板形式及数量、货物进仓顺序编号、主运单号、件数、重量、体积、目的地三字代码和备注。出仓单作为出库计划、出口时点数、装箱板环节交接时使用。

（14）提板、箱。根据订舱计划向航空公司申请领板、箱并办理相应的手续。提板、箱时，应领取相应的塑料薄膜和网。对所使用的板、箱要登记、销号。

（15）装板、箱。大宗货物、集中托运货物可以在航空货运代理的仓库、场地、货棚等地装板、箱，也可在航空公司指定的场地装板、箱。

（16）签单。货运单在盖好海关放行章后，还需到航空公司签单。主要是审核运价是否正确，货物性质是否适合空运，危险品等是否办妥了相应的证明和手续，等等。航空公司的地面代理规定，只有签单确认后才允许将单、货交给航空公司。

（17）交接发运。交接是指向航空公司交单、交货，由航空公司安排运输。交单是指将随机单据和承运人留存的单据交给航空公司，随机单据包括第二联航空运单正本、发票、装箱单、产地证明、品质鉴定书等。交货是指把与单据相符的货物交给航空公司，交货之前必须粘贴或拴挂货物标签，清点和核对货物，填制货物交接清单。航空公司审单验货后，在交接单上确认，并将货物存入出口仓库，单据交给吨控部门，以备航空公司配舱。

（18）航班跟踪。单、货交给航空公司后，航空公司可能会因各种原因，如航班取消、延误、故障、改机型、错运、倒垛、装板不符合规定等，未能按预定时间发出。航空货运代理需要对航班、货物进行跟踪,及时将信息反馈给客户,遇到不正常情况及时处理。

(19)提供信息服务。航空货运代理需给客户提供订舱、审单及报关、仓库收货、交运称重、头程及续程航班、集中托运、单证等相关信息。

(20)费用结算。航空货运代理与托运人、承运人、境外代理进行费用结算。

2. 国际航空进口货运代理业务流程

国际航空进口货运代理业务流程如图 4-2 所示。

图 4-2 国际航空进口货运代理业务流程

(1)代理预报。在发货之前,国际航空进口货运代理会将运单、航班、件数、重量、品名、实际收货人及其地址、联系电话等内容通过传真或邮件发给目的地代理公司,这一过程称为代理预报。

(2)交接单、货。航空货运代理凭到货通知向货站办理提货事宜。交接时要做到单、单核对,即交接清单与总运单核对;单、货核对,即交接清单与货物核对。

(3)理货与仓储。航空货运代理自航空公司接货后,即短途驳运进监管仓库,组织理货与仓储。

(4)理单与到货通知。分类理单、编号,编配各类单证,发出到货通知。

(5)制单与报验报关。制单指按海关要求,依据运单、发票、装箱单及证明货物合法进口的有关批准文件,制作进口货物报关单,进行报关作业。需要做商检的货物需向商检局申报,查验合格后商检局将出具证明文件,由报关行或者货主/航空货运代理交入海关,再进行进口报关程序。

(6)收费与发货。办理完报验报关等进口手续后,所属监管仓库根据货主单位盖有海关放行章、检验检疫章的进口提货单收费发货。

(7)送货与转运。根据客户需求,办理送货上门业务或转运业务。

四、国际航空运费

1. 计费标准

航空公司规定,在货物体积小、重量大时,按重量计费;在货物体积大、重量小时，按体积计费。在集中托运时，一批货物由多件不同的货物组成，有轻泡货也有重货，则按照整批货物的总毛重或总体积计费较高的计算。

2. 航空公司运费的定义和计算

根据适用运价计得的托运人或收件人应当支付的每批货物的运输费用称为运费。航空公司按国际航空运输协会所制定的三个区划费率收取国际航空运费。承运人为运输货物对规定的单位重量（或体积）收取的费用称为运价。运价指机场与机场间的空中费用，不包括承运人、代理人或机场收取的其他费用。运价通常以当地货币公布，一般以千克或磅为计算单位，按出具运单之日所适用的运价计费。航空运价按主要的货物类型分为一般货物运价、特种货物运价或指定货物运价、货物等级运价、集装箱货物运价。

起码运费是指航空公司办理一批货物所能接受的最低运费，不论货物的重量或体积，在两点之间运输一批货物应收取的最低金额。不同地区有不同的起码运费。

培训课程 2

海运物流业务

一、国际海上货物运输的定义和特点

1. 国际海上货物运输的定义

国际海上货物运输是指使用船舶通过海上航道在不同国家和地区的港口之间运送货物的一种运输方式。

2. 国际海上货物运输的特点

（1）运量大。国际贸易总运量的 75% 以上是利用海上运输来完成的，主要原因是船舶向大型化发展，船舶的载运能力远远大于火车、汽车和飞机，是运输能力最强大的运输工具。

（2）通过能力强。海上运输利用天然航道，不像陆路运输受轨道和道路条件的限制，因而其通过能力要远超其他运输方式。如果受到政治、经济、军事等条件变化的影响，还可改变航线驶往有利于装卸的目的港。

（3）运费低廉。海运航道天然形成，不需要建设、投资小，海运船舶运量大，货物单位运输成本低廉，为低值大宗货物的运输提供了有利的竞争条件。

（4）对货物的适应性强。海上货物运输适用于多种货物，如石油井台、重型机械等其他运输方式无法装运的超重大货物。

（5）运输速度慢。由于船舶航行速度较慢，装卸时间长，货物的运输速度比其他运输方式慢。

（6）运输风险大。船舶航行受自然气候和季节影响较大，海洋环境复杂，气候多变，运输距离长，遇险的可能性大。同时，海上运输还受战争、罢工、贸易禁运等因素的影响。

二、国际海上货物运输的作用

1. 海上货物运输是国际贸易运输的主要方式

国际海上货物运输虽然存在速度较低、风险较大等不足之处，但是由于其通过能力大、运量大、运费低，以及对货物适应性强，加上国际货物运输的地理条件限制，使它成为国际贸易中主要的运输方式。

2. 海上货物运输是国家节省外汇支出、增加外汇收入的重要渠道之一

我国运费支出一般占外贸进出口总额 10% 左右，尤其大宗货物的运费占比更大，若能充分利用贸易条件，争取我方多派船，不但节省了外汇支出，而且还可以争取更多的外汇收入。

3. 发展海上运输业有利于改善国家的产业结构和国际贸易出口商品的结构

海上运输可以带动造船业和航海技术的发展，造船业的发展又可带动钢铁工业、船舶设备工业、电子仪器仪表工业的发展，促进整个国家产业结构的改善。我国由原来的船舶进口国逐渐成为船舶出口国，正在向船舶出口大国的行列迈进。

4. 海上远洋运输船队是国防的重要后备力量

海上远洋运输船队历来都被用作后勤运输工具。在战时及平时特殊情况下，根据国防动员需要，国家有权依法对机关、社会团体、企业、事业单位和公民个人所拥有或者管理的民用运载工具及相关设备、设施、人员，进行统一组织和调用。

我国民船种类齐全，多种船型都适合进行海上的军事运输。充分挖掘海上运输船队力量实施军事运输的潜力，构建军民融合式的海上军事运输力量体系，是提高我国海上国防运输能力的有效途径。

三、海上运输船舶主要航线

1. 按船舶营运方式划分

（1）定期航线。定期航线是指使用固定的船舶按固定的船期向固定的港口航行，并以相对固定的运价经营客货运输业务的航线。定期航线又称班轮航线，主要装运杂货物。

（2）不定期航线。不定期航线是指临时根据货运的需要而选择的航线，船舶、船期、挂靠港口均不固定，是以经营大宗、低价货物运输业务为主的航线。

2. 按航程的远近划分

（1）远洋航线。远洋航线是指航程距离较远，船舶航行跨越大洋的运输航线，如远东至欧洲和美洲的航线。我国习惯上以亚丁港为界，把去往亚丁港以西（包括红海两岸、欧洲以及南北美洲广大地区）的航线划为远洋航线。

（2）近洋航线。近洋航线是指本国各港口至邻近国家港口间的海上运输航线，我国习惯上把航线在亚丁港以东地区的亚洲和大洋洲的航线称为近洋航线。

（3）沿海航线。沿海航线是指本国沿海各港之间的海上运输航线，如上海—广州，青岛—大连等。

四、国际海运进出口货运代理业务流程

1. 国际海运出口代理业务流程

（1）签订委托代理合同。出口单位（委托人）与代理人必须签订合同以确定代理的范围以及双方的权利和义务，委托代理合同是检验双方关系的重要依据。双方发生纠纷时，应当以所签书面协议或合同作为解决争议的依据。

（2）审核信用证。在收到进口单位开具的信用证后，应对照销售合同并依据跟单信用证统一惯例进行审核，信用证的内容必须与销售合同的规定一致，否则会直接影响出口单位安全收汇和履行合同。

（3）备货报检。备货是出口商根据出口成交合同信用证中的有关货物品种、规格、数量、包装等的规定，按时、按质、按量地准备好应交的出口货物。

凡属于国家规定法检的商品或合同规定必须经中国进出口商品检验检疫局检验出证的商品等，必须在商检机构规定的地点和期限内，持买卖合同等必要的单证向商检机构或国家商检部门、商检机构指定的检验机构报检。只有取得商检机构发放的检验合格证书，海关才准予放行。

（4）托运订舱。备货工作结束后，货运代理按照合同与信用证的规定安排货物的运输，承担租船订舱和装船出运事宜。

（5）代理保险。货运代理办理国际货物运输保险业务。

（6）货物集港。货运代理到委托单位指定的地点接货至港口，或委托单位自行将货物运送至指定的港口作业区。

（7）货物装船。做好货物装船工作。

（8）换取提单，发装运通知。货运代理及时向船方换取提单，在装船后应立

即（一般在装船后 3 天内）发送装运通知给进口单位或其指定的人，从而方便其安排接货等事宜。

（9）制单结汇。货物装运后，货运代理应立即按照信用证的要求，正确缮制各种单据，并在信用证规定的有效期内递交银行办理议付和结汇手续。

2. 国际海运进口代理业务流程

（1）签订委托代理合同。报价并接受委托人委托，签订委托代理合同，索要报关报检等所需的全部单据。

（2）换单。到船方或其代理处换取提货单。

（3）报检。按照法律、法规或规章的规定向检验检疫机构报请检验检疫工作。

（4）报关。在海关规定的期限内，申请海关审查放行。

（5）提货。海关放行后办理提货手续，安排发运。

（6）结算。及时与委托人进行结算。

（7）寄送单据。结算完毕后，及时将海关或商检退回或出具的有关单证寄送委托人，以备委托人核销付汇。

五、国际海运运费

1. 班轮运费

（1）班轮运费的组成

班轮运费由基本费率和附加费两部分组成。基本费率是指每一计费单位（如一运费吨）货物收取的基本运费。基本费率有等级费率、货种费率、从价费率、特殊费率和均一费率。附加费是指为了保持在一定时期内基本费率的稳定，又能够正确反映各港的各种货物的航运成本，班轮公司在基本费率之外规定的各种费用（见表 4-4）。

表 4-4 班轮运费附加费的组成

类型	具体内容
燃油附加费	在燃油价格突然上涨时加收
货币贬值附加费	在货币贬值时，船方为保证实际收入不减少，按基本运费的一定百分比加收的附加费
转船附加费	凡运往非基本港的货物，需转船运往目的港，船方收取的附加费，其中包括转船费和二程运费

续表

类型	具体内容
直航附加费	当运往非基本港的货物达到一定的货量，船方可安排直航该港而不转船时加收的附加费
超重附加费、超长附加费、超大附加费	当一件货物的毛重、长度或体积超过或达到规定的数值时加收的附加费
港口附加费	有些港口由于设备条件差、装卸效率低或其他原因，船方加收的附加费
港口拥挤附加费	由于港口拥挤，导致船舶停泊时间增加而加收的附加费
选港附加费	货方托运时尚不能确定具体卸货港，要求在预先提出的两个或两个以上港口中选择一港卸货，船方加收的附加费
变更卸货港附加费	货方要求改变货物原来规定的卸货港，在有关当局（如海关）准许、船方同意的情况下加收的附加费
绕航附加费	由于正常航道受阻不能通行，船舶必须绕道才能将货物运至目的港时，船方加收的附加费

（2）运费计算标准（见表4-5）

表4-5　运费计算标准

计算标准		表示方法
按货物的毛重，即以重量吨为计算单位计收运费		W
按货物尺码或体积计算，即以尺码吨或容积吨为计算单位计收运费		M
按货物重量或尺码，选择其中运费较高者计收运费		W/M
按货物FOB（离岸价）收取一定的百分比作为运费，称从价运费		AD VALOREM 或 ad.val.
按货物重量、尺码或价值中运费较高者计收运费		W/M or ad.val.
按货物重量或尺码选择其运费较高者，再加上从价运费计收		W/M plus ad.val.
按每件为一单位计收	如活牲畜和活动物，按"每头"计收	per head
	车辆按"每辆"计收	per unit
	起码运费按"每提单"计收	per B/L
临时议定的价格，由承、托运双方临时议定的价格收取运费，一般多用于低价货物		open rate

根据一般费率规定，不同的商品如果混装在一个包装内（集装箱除外），则全部货物按其中收费最高的商品计收运费。同一种货物因包装不同而计费标准不同，但托运时如果未申明具体包装形式，全部货物均要按运费最高的包装计收运费。

同一提单内有两种以上不同计价标准的货物，托运时如未分列货名和数量时，计价标准和运价全部要按最高者计算。班轮费率表中还有起码运费的规定，每张提单的最低运费根据不同地区、是否转船等情况决定。

（3）运费计算步骤

1）选择相关的运价本。

2）根据货物名称，在等级费率表中查询运费计算标准和等级。

3）在等级费率表的基本费率部分找到相应的航线、起运港、目的港，按等级查询基本运价。

4）从附加费部分查询所有应收（付）的附加费项目和数额（或百分比）及货币种类。

5）根据基本费率和附加费计算实际运价。

2. 租船运费

（1）租船运费的计算标准。承租合同中有的规定运费率按货物每单位重量或体积计算；有的规定整船包价。费率的高低主要取决于租船市场的供求关系，但也与运输距离、货物种类、装卸率、港口使用率、装卸费用划分和佣金高低有关。合同中对运费按装船重量或卸船重量计算、运费是预付或到付等均需说明。

（2）租船运输装卸费用的划分

1）船方负担装卸费，又称"班轮条件"。

2）船方不负担装卸费，采用这一条件时，还要明确理舱费和平舱费由谁承担，一般规定租船人承担装卸。

3）船方管装不管卸。

4）船方管卸不管装。

3. 集装箱海运运费

目前，集装箱海运运费基本上分为两个大类：一类是沿用件杂货运费的计算方法，即以每运费吨为计费单位（俗称散货价）；另一类是以每个集装箱为计费单位（俗称包箱价）。

培训课程 3

陆运物流业务

一、国际公路货物运输的定义与作用

1. 国际公路货物运输的定义

国际公路货物运输是指国际货物借助一定的运载工具，沿着公路做跨两个或两个以上国家或地区的运输过程，在国际货物运输中起重要的衔接作用。在我国，只要公路货物运输的起运地、目的地或约定经停地不在我国境内，均构成国际公路货物运输。

国际公路货物运输除了具有适应性强、机动灵活、直达性好、运输成本高、运行持续性较差、对环境污染影响较大等特点外，还具有以下特点：可以广泛参与国际多式联运，是邻国间边境贸易货物运输的主要方式，按有关国家之间的双边或多边公路货物运输协定或公约运作。

2. 国际公路货物运输的作用

（1）两种或多种公路货物运输方式衔接起来，实现多种运输方式联合运输，做到进出口货物运输的"门到门"服务。

（2）公路运输可以配合船舶、火车、飞机等运输工具完成运输的全过程，是港口、车站、机场集散货物的重要手段。可以说，其他运输方式往往要依赖汽车运输来完成两端的运输任务。

（3）公路运输是一种独立的运输体系，可以独立完成进出口货物运输的全过程。

（4）集装箱货物通过公路运输实现国际多式联运。集装箱由交货点通过公路运到港口装船，或者由港口卸货通过公路运到收货点。

二、国际公路货物运输的类别

1. 按运输组织方法分类

国际公路货物运输按运输组织方法可分为零担货物运输、整批货物运输和集装箱运输三类。

（1）托运人一次托运货物计费重量 3 t 及以下的，为零担货物运输。

（2）托运人一次托运货物计费重量 3 t 以上或虽不足 3 t，但其性质、体积、形状需要一辆汽车运输的，为整批货物运输。

（3）采用集装箱为容器，使用汽车运输的，为集装箱运输。

2. 按运输条件分类

国际公路货物运输按运输条件可分为一般货物运输和特种货物运输。

（1）对运输、装卸、保管没有特殊要求的货物运输，为一般货物运输。

（2）对运输、装卸、保管有特殊要求的货物运输，为特种货物运输。特种货物运输又可以分为以下三种。

1）因货物的体积、重量要求，需要大型或专用汽车运输的，为重大型货物运输。

2）运输危险货物品名表列明的易燃、易爆、有毒、有腐蚀性、有放射性等危险货物，以及虽未列入危险货物品名表但具有危险货物性质的产品，为危险货物运输。

3）易腐货物、活动物和有生植物等的运输，为鲜活货物运输。

三、国际公路货运代理业务

1. 国际公路货运代理业务的分类

（1）出口物资的集港（站）运输。其是指出口商品由产地（收购站或加工厂）到外贸中转仓库，由中转仓库到港口仓库，由港口仓库到船边（铁路专用线或航空港收货点）的运输。

（2）货物的疏港（站）运输。其是指按进口货物代理人委托，将进口货物由港（站）送达指定交货地点。

（3）国际多式联运的首尾段运输。其是指国际多式联运国内段的运输，即将出口货物由内陆装箱点装运至出运港（站），将进口货物由港（站）运至最终交货地的运输。

（4）边境公路过境运输。需向海关申报指定车辆、驾驶员和过境路线信息，并在海关规定的地点停留，接受海关监管和检查，按有关规定办理报验、完税，海关放行后将货物运达目的地。

（5）特种货物运输。超限超重货物、危险品、鲜活货物等的运输，要使用专门车辆并向有关管理部门办理准运证。

（6）"浮动公路"运输。"浮动公路"运输又称车辆渡船方式运输，这种联合运输的特点是在陆运与水运衔接时，无须将货物从一种运输工具上卸下再转换到另一种运输工具上，仍利用原来的车辆作为货物载体。衔接方式是将整车载货开上船舶，运达目的港口，这种方式有利于减少或防止货损。

2. 国际公路运输合同

（1）国际汽车联运货物运单的组成。国际汽车联运货物运单一式三份，均应有托运人和承运人的签字或盖章：一份交付托运人；一份跟随货物同行，作为货物通关、交接的凭证；一份由承运人留存。

（2）公路货物运输合同的确认。公路货物运输合同以签发运单来确认。运单对托运人、承运人、收件人都具有法律效力，也是贸易进出口货物通关、交接的重要凭证。当待装货物在不同车辆内，或一辆车内装有不同种类货物或数票货物时，托运人或承运人有权要求对使用的每辆车、每种货物或每票货物分别签发运单。

（3）货物承运与交接时应注意的问题。承运人应根据所承运货物的情况，合理安排运输车辆，货物的装载重量以车辆额定吨位为限，轻泡货物以折算重量装载，不得超过车辆额定吨位和有关长、宽、高的装载规定。

承运人应与托运人约定路线或按照托运人确定的路线运输，如有变动必须通知托运人，并按最后确定的路线运输。承运人未按约定路线运输所增加的运输费用，托运人或收件人均可以拒绝支付。

运输期限由承运人和托运人约定后在运单上注明，承运人应在约定的时间内将货物运达。零担货物按班期时限运达，快件货物按规定的期限运达。

培训课程 4 多式联运业务

多式联运是在集装箱运输的基础上产生和发展起来的一种综合性运输方式，它是以集装箱为媒介，把海、陆、空等单一运输方式有机结合起来，形成连贯运输的方式。

国际多式联运是指"按照多式联运合同，以至少两种不同的运输方式，由多式联运经营人将货物从一国境内的接管地点运至另一国境内指定交付地点的货物运输"。

一、多式联运的特征（见表4-6）

表4-6 多式联运的特征

特征	说明
至少使用两种运输方式	运输全程中至少使用两种运输方式，而且是不同方式的连续运输
以集装箱为媒介	多式联运货物主要是集装箱货物，具有集装箱运输的特点
国际运输	必须是国际间的货物运输
一次托运	多式联运是一票到底、实行全程单一运费率的运输。只需要订立一份多式联运合同，通过一次计费、一次保险、一份全程多式联运单证即可完成全程运输
一次计费	
一次保险	
一张单证	
全程负责	多式联运是不同运输方式的综合组织，全程运输是由多式联运经营人组织完成的。涉及的运输方式和运输区段都由多式联运经营人对货运全程负责

二、多式联运经营人的定义及责任

1. 多式联运经营人的定义

多式联运经营人是指本人或通过其代表与托运人订立多式联运合同的任何人，是事主；而不是托运人的代理人或代表，也不是参加多式联运的承运人的代理人或代表。多式联运经营人负有履行合同的责任，多式联运经营人必须具备以下条件。

（1）取得从事国际多式联运的资格。

（2）拥有国际多式联运线路以及相应的经营网络。

（3）与有关的实际承运人、场站经营人建立长期合作关系。

（4）拥有必要的运输设备，尤其是场站设施和短途运输工具。

（5）拥有雄厚的资金和良好的信誉。

（6）拥有符合要求的国际多式联运单据。

（7）具备所经营的国际多式联运线路的运价表。

2. 多式联运经营人的责任

（1）责任期间。责任期间为接收货物时起至交付货物时止，即承运人掌管货物期间。

（2）责任基础

1）过失责任制。按承运人对货损、货差是否有过失而决定其是否承担责任。

2）严格责任制。除不可抗力等有限的免责事由外，不论有无过失，承运人均应对货损、货差承担责任。

（3）责任形式

1）责任分担制。责任分担制也称分段责任制，是指多式联运经营人并不承担货物全程运输责任，仅对承运区段货物运输负责，各区段的责任原则按该区段适用的法律予以确定。

由于这种责任形式与多式联运的基本特征相矛盾，因此只要多式联运经营人签发了全程多式联运单据，即使在多式联运单据中声称采取这种形式，也可能会被法院判定此种约定无效而要求其承担全程运输责任。

2）统一责任制。统一责任制是指多式联运经营人对托运人赔偿时不考虑各区段运输方式的种类及其所适用的法律，而是对全程运输按一个统一的原则并一律按一个约定的责任限额进行赔偿。由于现阶段各种运输方式采用不同的责任基础和责任限额，因而此种责任形式应用较少。

3）网状责任制。网状责任制是指多式联运经营人尽管对全程运输负责，但对货运事故的赔偿原则仍按不同运输区段所适用的法律规定。当无法确定货运事故发生区段时，则按海运法规或双方约定原则进行赔偿。网状责任制是应用最广的赔偿责任形式。

4）统一修正责任制。统一修正责任制是指经修订的统一责任制，也称变更网状责任制，是统一责任制与网状责任制相混合的责任制。在责任原则方面与统一责任制相同，而在赔偿限额方面则与网状责任制相同。由多式联运经营人就运送全程按同一责任内容对货主承担责任，但多式联运经营人在各运送阶段所承担的赔偿限额不同。也就是说，货物的灭失或毁损发生于某一运输区段，而该运输阶段可适用的现行国际公约或国内法所规定的赔偿限额，若高于多式联运公约所规定的赔偿限额，则多式联运经营人应依上述国际公约或国内法的规定赔偿货物的毁损灭失。

三、多式联运的分类

1. 陆空/海空联运

陆空/海空联运是一种陆/海路与航空两种运输方式相结合的多式联运方式。通常的做法是先由起运地用汽车将货物装运至空港，然后从空港空运至境外的中转地，再由汽车陆运至目的地。采用陆空/海空联运方式具有手续简便、速度快、费用少、收汇迅速等优点。

2. 公铁联运

公铁联运中使用广泛的多式联运形式是将卡车、拖车、集装箱等装在铁路平板车上的公铁联运。由铁路完成干线长途运输，余下的支线短途运输由汽车来完成。

3. 陆海联运

陆海联运是指陆路运输（铁路、公路）与海上运输组成的多式联运方式。先由起运地用火车或汽车将货物装运至港口，然后由船舶将货物转运到目的港，再由火车或汽车将货物运至目的地。

4. 大陆桥运输

大陆桥运输是指使用铁路或公路系统作为桥梁，把大陆两端的海洋运输连接起来的多式联运方式。

为适应对外贸易的需要，中国开辟和发展了新亚欧大陆桥运输。新亚欧大陆桥是指以我国江苏连云港为起点，到荷兰鹿特丹港口、比利时的安特卫普等港口的铁路联运线。

四、多式联运的业务程序

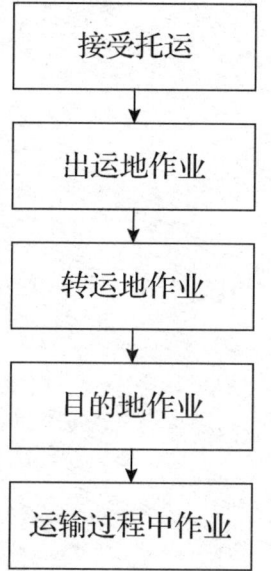

接受托运 —— 确定多式联运路线和运输方式，与分包方签订分包合同等。

出运地作业 —— 通知相应承运人及场站安排接货、装货，托运人根据合同的约定把货物交至指定地点等。

转运地作业 —— 通知转运地代理人，与分包承运人联系，及时做好货物过境或进口换装、转运等手续申办和业务安排。

目的地作业 —— 通知货物抵达目的地时间，并要求目的地代理人办理货物进口手续等。

运输过程中作业 —— 跟踪监管货物运输过程，定期向托运人或收货人发布货物位置等信息，以及计算运输费用、办理租箱与归还业务、处理货运事故索赔与理赔业务等。

职业模块 5
供应链管理基础知识

培训课程 1

供应链及其管理

一、供应链概述

1. 供应链的定义与特征

供应链是指在生产及流通过程中,围绕核心企业,将所涉及的原材料供应商、制造商、分销商、零售商直到最终用户等成员通过上游和(或)下游成员链接所形成的网链结构。

从供应链的定义可以概括其特征,包括复杂性、动态性、用户需求性、交叉性和层次性,详见表5-1。

表5-1 供应链的特征

特征	描述
复杂性	一条供应链往往由多个不同类型的企业构成,如生产制造型、服务型。这些企业在供应链中所处的位置不同、层次不同,它们之间的关系错综复杂,因此,供应链结构比一般单个企业的结构更为复杂
动态性	供应链的动态性主要表现为供应链成员的不稳定性和成员之间关系的不稳定性。因企业战略和适应市场需求变化的需要,供应链节点企业需要动态调整和更新,这就使供应链具有明显的动态性
用户需求性	供应链的形成、存在和重构是基于一定的市场需求而产生的,并且在供应链的运作过程中,用户的需求拉动是供应链中信息流、物流、资金流运作的驱动源,这就使供应链呈现明显的用户需求性
交叉性	供应链由不同的节点企业链接起来,形成相互交叉的网络结构,某个节点企业可以是多个供应链的成员,供应链的这种交叉性增加了供应链协调管理的难度
层次性	供应链由不同的节点企业组成,由于各企业在供应链中的地位不同,其作用也不同。各节点企业分为核心主体企业、非核心主体企业和非主体企业。核心主体企业是供应链运作的关键,其推动整个供应链的运作

2. 供应链的基本结构

供应链的基本结构包括链状结构、网状结构和网链结构，详见表5-2。

表5-2 供应链的基本结构

结构类型	结构图
（1）链状结构。在链状结构中，产品从自然界到用户经历了供应商、制造商和分销商三级传递，并在传递过程中完成产品加工、产品装配等转换过程	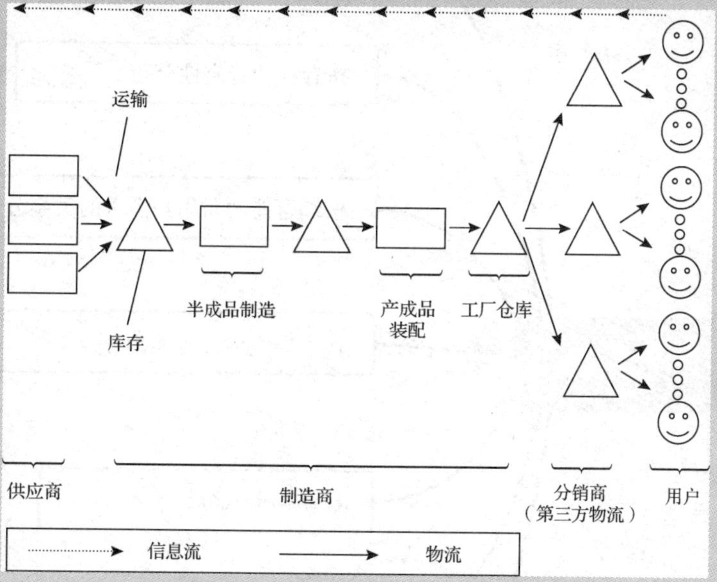
（2）网状结构。在网状结构中，物流做有向流动，从一个节点流向另一个节点。这些物流从某些节点补充流入，从某些节点分流流出	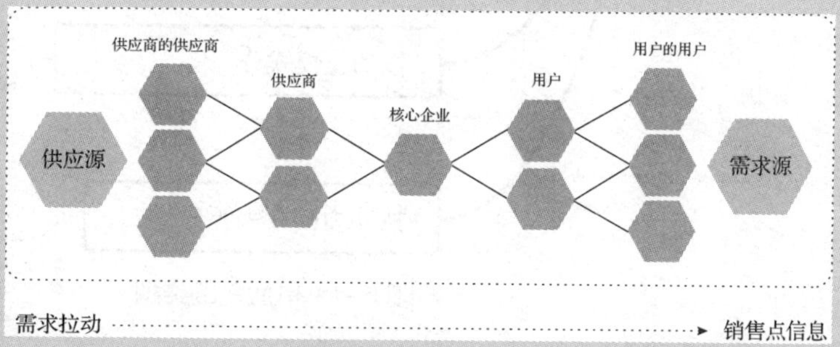
（3）网链结构。这种特殊的供应链表现在其组织结构图上，供应链的核心企业一般只有一个节点。具有这种地位与能力的核心企业往往是掌握产品核心技术、拥有知名品牌、有极强研发能力和渠道控制能力的企业	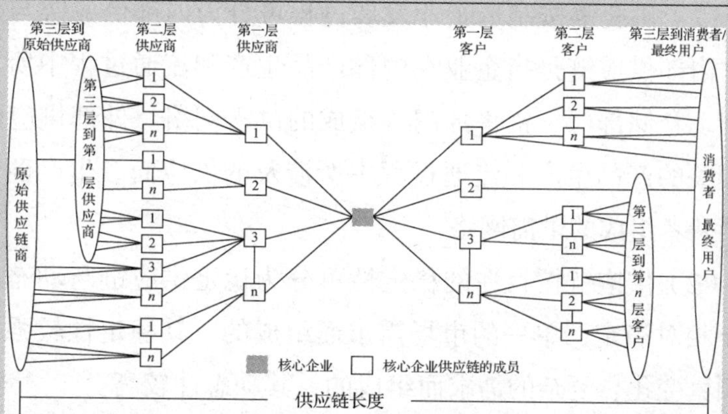

3. 供应链的类型

供应链的类型如图 5-1 所示。

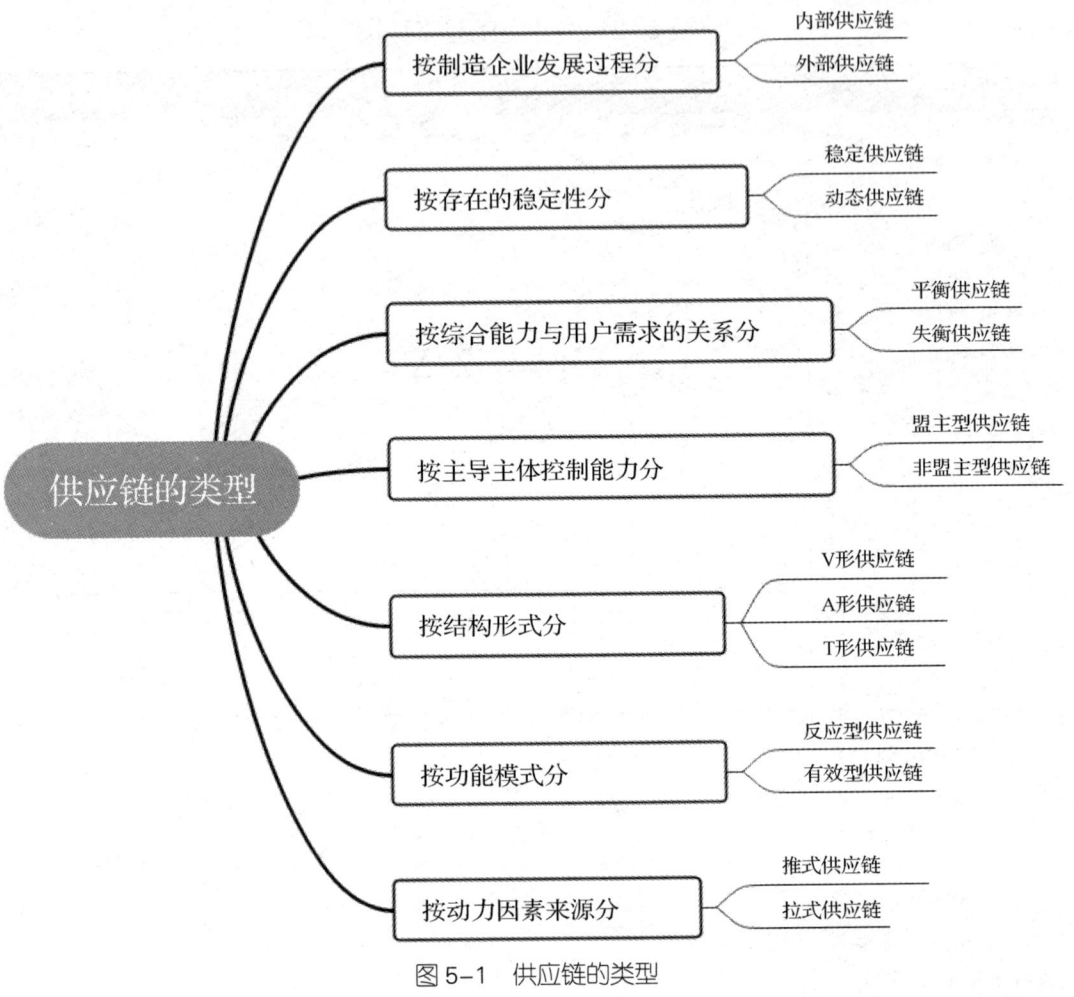

图 5-1　供应链的类型

（1）供应链按制造企业发展过程可分为内部供应链与外部供应链。从结构上讲，内部供应链是指企业在内部产品生产和流通过程中所涉及的采购部门、生产部门、仓储部门、销售部门等组成的供需网络。外部供应链是指涵盖由企业与企业相关的产品生产和流通过程中所涉及的供应商、生产商、储运商、零售商及最终消费者组成的供需网络。

（2）供应链按存在的稳定性可分为稳定供应链与动态供应链。稳定供应链是基于相对稳定、单一的市场需求而组成的，其稳定性较强。动态供应链是基于相对频繁变化、复杂的需求而组成的，其动态性较高。

（3）供应链按综合能力与用户需求的关系可分为平衡供应链与失衡供应链。

平衡供应链是当供应链的容量能满足用户需求时，供应链处于平衡状态。失衡供应链是当市场变化加剧，造成供应链成本增加、库存增加、浪费增加等现象时，企业不是在最优状态下运作，供应链则处于倾斜状态。

（4）供应链按主导主体控制能力可分为盟主型供应链与非盟主型供应链。盟主型供应链是某一成员在供应链中占有主导地位，对其他成员具有很强的辐射能力和吸引能力，通常称该企业为核心企业或主导企业。非盟主型供应链的特点是供应链中企业地位彼此差距不大、重要程度相似。

（5）供应链按结构形式可分为V形、A形和T形供应链。

1）V形供应链一般是供应链的前端进行批量生产，经过中间物料制造商后进行配料供应，将配料分给多家成品制造商，总体来说是一对多的模式，如图5-2所示。

2）A形供应链前端有多家物料供应商，他们将物料供应给制造商进行装配加工，是多对一的形式，如图5-3所示。

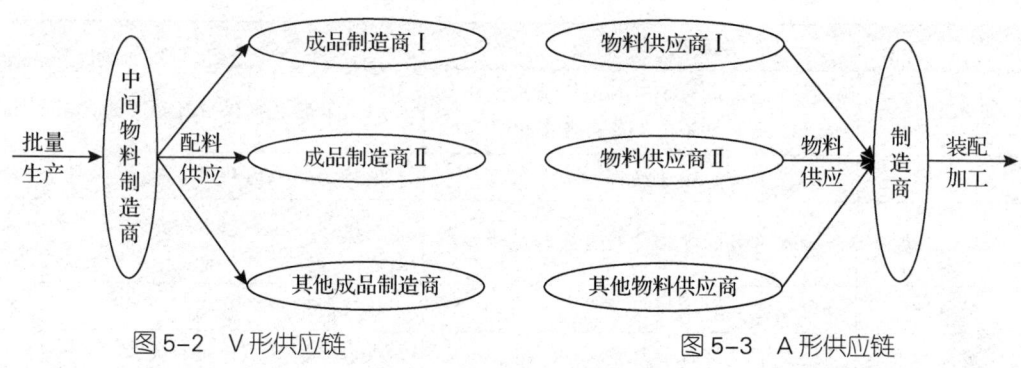

图5-2　V形供应链　　　　　　　　图5-3　A形供应链

3）T形供应链前端有多家物料供应商，他们将物料供应给制造商，制造商将构件或套件供应给供应链下游的最终客户、成品制造商和其他合作伙伴，是多对多的形式，如图5-4所示。

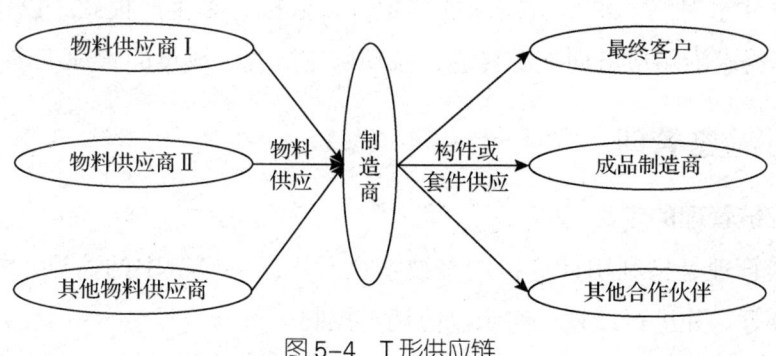

图5-4　T形供应链

（6）供应链按功能模式可分为反应型供应链与有效型供应链。反应型供应链又称响应型供应链，主要体现供应链对市场需求的响应功能，即对未预知的需求做出快速反应，及时、准确地将产品分配到有用户需求的市场。此类产品需求一般是不可预见的，因而生产系统需要准备足够的缓冲生产能力，存货需准备有效的零部件和成品的缓冲存货，同时需要缩短市场提前期。在选择供应商时主要考虑速度、灵活性和质量。

有效型供应链也称效率型供应链，主要体现供应链的物料转化功能，即以最低的成本将原材料转化成零部件、半成品、产品，以及在供应链中的运输等。此类产品需求一般是可以预测的，在整个供应链各环节力争存货最小化，并通过高效率物流形成物料的高周转率，从而在不增加成本的前提下尽可能缩短提前期。选择供应商时着重考虑成本、质量、时间和服务因素。

两种供应链的特征对比见表5-3。

表5-3　反应型供应链与有效型供应链的特征

特征	反应型供应链	有效型供应链
基本目标	尽可能快地对不可预测的需求做出反应，使缺货、降价、库存最小化	以最低的成本供应可预测的需求
制造核心	配置多余的缓冲库存	保持高的平均利用率
库存策略	准备有效的零部件和成品的缓冲库存	创造高收益而使整个供应链的库存最小化
提前期	大量投资以缩短提前期	尽可能缩短提前期
供应商标准	速度、灵活性和质量	成本、质量、时间和服务

（7）供应链按动力因素来源可分为推式供应链和拉式供应链。推式供应链主要体现在供应链成员采取按库存生产模式，以产定销，从上游到下游推销产品。拉式供应链注重对终端消费者需求的满足，采取按订单生产模式，以销定产，把下游的实际需求沿供应链向上游传递，拉动供应链各级成员的管理工作。

二、供应链管理

1. 供应链管理的定义

供应链管理是指利用计算机网络技术全面规划供应链中的商流、物流、信息流、资金流等，并进行计划、组织、协调与控制。

2. 供应链管理的目标

供应链管理的整体目标是使整个供应链的资源得到最佳配置，为供应链企业赢得竞争优势和提高收益率，为客户创造价值。供应链管理强调以客户为中心，即做到将适当的产品或服务，按照合适的状态与包装，以准确的数量和合理的成本，在恰当的时间送到指定地方的确定客户手中。

3. 供应链管理的特征

（1）以满足客户需求为根本出发点。任何一个供应链的目的都是满足客户需求，并在满足客户需求的过程中为自己创造利润。在供应链管理中，客户服务目标优先于其他目标，以客户满意为最高目标。供应链管理必须以客户需求为中心，把客户服务作为管理的出发点，并贯穿供应链的全过程，把改善客户服务质量、让客户满意作为实现利润、创造竞争优势的根本手段。

（2）以共同的价值观为战略基础。供应链管理首先解决的是供应链伙伴之间信息的可靠性问题。如何管理和分配信息取决于供应链成员之间对业务过程一体化的共识程度。供应链管理是在供应链伙伴间形成的相互信任、相互依赖、互惠互利和共同发展的价值观和依赖关系。

（3）以提升供应链竞争能力为主要竞争方式。在供应链中，企业不能仅仅依靠自己的资源来参与市场竞争，而要通过与供应链各参与方进行跨部门、跨职能和跨企业的合作，建立共同利益的合作伙伴关系。供应链管理是跨企业的贸易伙伴之间密切合作、共享利益和共担风险。同时，信息时代的到来使信息资源的获得更具有开放性，这就迫使企业间要打破原有界限，寻求建立一种超越企业界限的新的合作关系。因此，加强企业间的合作已成必然趋势，供应链管理的出现迎合了这种趋势，顺应了新竞争环境的需要，改变了企业的竞争方式，将企业之间的竞争转变为供应链之间的竞争。

（4）以广泛应用信息技术为主要手段。信息流的管理是供应链效益与效率的关键因素。信息技术在供应链管理中的广泛应用，大大减少了供应链运行中的不增值活动，提高了供应链的运作绩效。供应链管理应用网络技术和信息技术重新组织和安排业务流程，进行集成化管理，实现信息共享。只有通过集成化管理，供应链才能实现动态平衡，才能进行协调、同步、和谐运作。

（5）以物流的一体化管理为突破口。供应链管理把从供应商开始到最终消费者的物流活动作为一个整体进行统一管理，始终从整体和全局上把握物流的各项活动。物流一体化管理能最大限度地发挥企业能力，降低库存水平，从而降低供应链的总成本。因此要实现供应链管理的整体目标,为客户创造价值,为供应链企业赢得竞争优势和提高收益率,供应链管理必须以物流的一体化管理为突破口。

(6)以非核心业务外包为主要经营策略。供应链管理是在自己的"核心业务"基础上,通过协作的方式来整合外部资源以获得最佳的总体运营效益,除了核心业务以外,几乎每件事都可能是"外源的",即对公司外部资源进行整合。企业通过非核心业务外包可以优化各种资源,既可提高企业的核心竞争能力,又可参与供应链,依靠建立完善的供应链管理体系,充分发挥供应链上合作伙伴的资源和优势。

4. 供应链管理的主要内容

供应链管理覆盖了从供应商的供应商到客户的客户的全部过程。从具体运作角度来看,供应链管理主要涉及五个领域:需求、计划、物流、供应、回流,如图5-5所示。

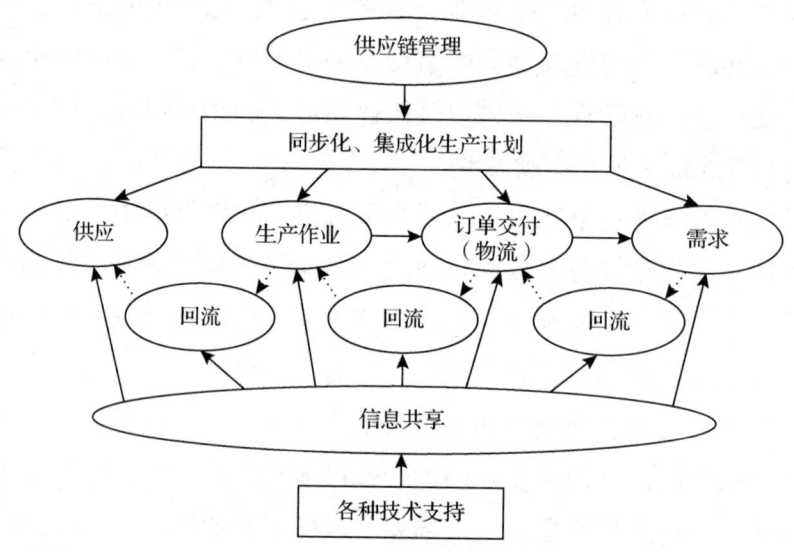

图5-5 供应链管理涉及的主要领域

供应链管理的主要内容如下。

(1)供应链的设计。

(2)战略性供应商和合作伙伴关系管理。

(3)供应链产品需求预测和计划。

(4)企业内部与企业之间物料供应与需求管理。

(5)基于供应链管理的产品设计与制造管理、生产集成化计划、跟踪和控制。

(6)基于供应链的用户服务和物流(运输、库存、包装等)管理。

(7)企业间资金流(汇率、成本等)管理。

（8）反向物流（回流）管理。

（9）基于Internet/Intranet（因特网/内联网）的供应链交互信息管理。

（10）风险分担与利益共享。

5. 供应链管理的模式

供应链有高效率供应链、快速反应供应链、创新供应链、多态供应链四种模式，其特征、优缺点、适用对象见表5-4。

表5-4 供应链管理的模式

模式	特征	优点	缺点	适用对象
高效率供应链	要求供应链的各个环节，包括搜寻产品、采购、运输、货物接收、库存管理、销售、退货等环节，都要在不影响销售额的条件下进行低成本运作	在满足产品或服务供给要求的同时，成本达到最低	容易形成紧张的上下游关系，不利于满足变化的需求	产品差异性小、竞争激烈、利润率不高的企业
快速反应供应链	与客户联系紧密，在需求或供给环境剧烈变化时，仍能满足应急要求	快速响应客户需求	为达到灵活性而设置更多缓冲，增加了成本	设备维修、电信维修、医疗紧急救援等所需要的紧急零部件供应或聚焦灾难应对企业
创新供应链	与客户关系紧密，针对多变的市场需求进行及时、灵敏的反应	满足客户不断变化的需求	对信息系统要求较高，需要付出一定成本	市场产品变化较快的行业，如时装、手机等行业
多态供应链	同时拥有多条供应链	兼顾差异化需求	复杂的供应链	适用于复杂的对象

6. 供应链管理流程

（1）新产品开发流程。此流程旨在与供应商和客户一起开发新产品，给开发市场提供一个构架，不仅能够使管理层在供应链上协调新产品的流动，还能提高企划、设计/开发、物料清单、制造设计、外包加工、成本企划等运作水平与创新能力。其中，供应商和客户拥有的技能和信息对于企业的创新活动十分重要，如技术的发展趋势、产品的市场需求、客户的偏好等，因此越来越多的企业将供应商和客户纳入创新体系的构建中，以充分利用它们的资源和能力。

（2）计划管理流程。在供应链环境下的计划管理需要延伸，除了考虑本企业的生产能力及资源约束外，还要综合考虑上下游企业的情况，将供应链作为一个整体进行计划的优化，从市场预测、销售计划、销售与运营规划、产能计划、标准生产计划、所需生产量计划、小日程计划等流程,将供应链上的企业生产能力和市场需求进行总体匹配,使整个供应链在完成订单的过程中总成本达到最低,合作伙伴共同分享节省的成本,共同受益。

(3)采购管理流程。供应链环境下的采购管理以运营成本、资产周转率和客户服务水平为总目标,采购协同供应链相关部门,将价格、质量、准时交付作为采购管理的核心指标。采购功能也将由被动支持向主动增值转变,实现采购的整体增值。此流程用采购指标图、下达订单、供应商回复交期、材料到货等核心环节来平衡客户需求和供应链能力的管理,能够积极地匹配供求关系。

(4)订单管理流程。供应链管理在运作管理层面采用订单驱动模式,通过订单联系客户需求和企业,使订单在一定程度上取代存在于传统供应链企业中的需求预测,对于需求的管理就必须建立在订单管理之上,并通过有效的订单管理,实现产能的有效利用。此流程从订单记录、商务谈判、价格磋商、合同管理、索赔管理等"交易"层面上完成,属于企业内部物流,对改善经营有非常重要的作用。

(5)生产管理流程。此流程包括开始生产、生产实际报告、成品入库、出货确认、成品出库等所有在供应链上用来获得、实施和管理制造灵活性的必要活动,以及使产品从工厂中移出的必要活动。通过供应链网络体系实现较大范围内的组装和系统生产,并借助于整个供应链的系统力量和集成优势,充分调动上下游合作商的积极性和资源,提高产品生产质量,增强核心竞争优势。

(6)物流管理流程。供应链环境下的物流管理是利用现代技术和设备,以物体流动的规律来计划、组织、指挥、协调、控制和监管的物流活动,从上游到下游的规划、实施和控制,包括仓储出入库、运输配车、运送、追踪等贯穿链条环节的多方面,以达到降低成本和提高效率的目的,在正确的时间将物品从供货地安全送到正确的地点。

(7)可视化管理流程。供应链管理实现可视化使产品追溯更具效率,即通过可视化系统对中长期计划、预算和管理指标等的管理,可以有效跟踪从产品的原材料制造和采购开始,直至最终产品销售。在与之配套的供应链协同机制下,使供应链参与者实现信息的采集、传输、加工和共享,帮助企业管理者做出正确的判断和决策,帮助企业加快资金流转和流向监控;还可加强与合作伙伴的联盟管理,促进管理水平的提升,提高对整个供应链的过程监控,降低和避免不必要的经济损失,有效降低企业成本。

以上供应链管理流程如图5-6所示。

职业模块 5　供应链管理基础知识

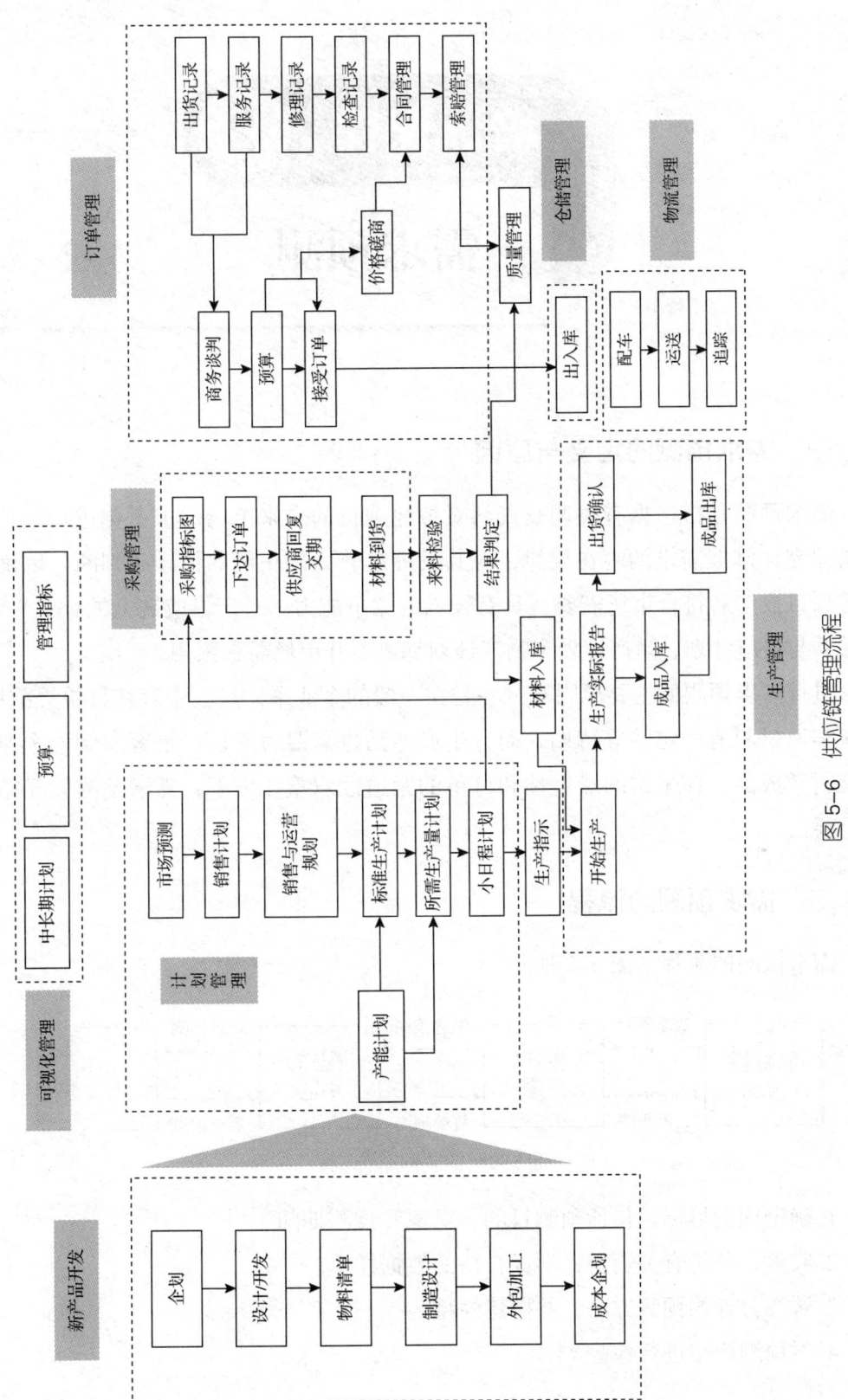

图 5-6　供应链管理流程

培训课程 2

需求预测

一、需求预测的定义与原因

需求预测是指根据有关调查资料对拟建项目的未来市场需求变化进行细致的分析研究，掌握需求的内在规律，对其发展趋势做出正确的估计和判断，以确保拟建项目投产后符合市场需要，具有较强的竞争能力。对于供应链上的企业来说，其采购与供应计划、生产计划和物流计划都离不开市场需求预测。

进行需求预测的主要原因有：一是在一般的企业采购过程中存在订单提前期，即所需原材料有一定的等待期，而且生产产品也需要时间；二是客户倒逼企业尽早交付产成品。在采购的滞后性和订单的紧迫性双重压力下，需求预测就显得尤为重要。

二、需求预测的流程

需求预测的流程如图5-7所示。

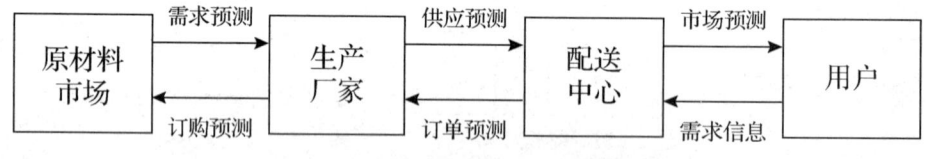

图5-7 需求预测的流程

1. 确定预测目标，包括预测目的、对象和预测期间。
2. 收集、分析有关资料，形成合格的数据样本。
3. 选择合理的预测方法，并搭建模型。
4. 对预测模型进行检验。

5. 修正预测结果，使之更加适用于实际情况。
6. 向决策者提交预测报告。

三、需求预测的作用

1. 需求预测对企业的作用

在财务和会计等功能性领域中，预测为制订预算计划和成本控制提供了基础，营销部门依靠销售预测来制订新产品计划、为销售人员支付工资以及进行其他关键决策。生产和运营人员使用预测来制定周期性决策，包括供应商选择、工艺选择、生产负荷计划、设备布局、采购、产品计划、调度、库存控制等方面的连续性决策活动。

2. 需求预测对供应链的作用

（1）有利于供应链企业更好地满足市场的需要。对每一个商业组织和每一个重要的管理决策来说，预测都是至关重要的。需求预测为企业提供了其产品在未来一段时间里的需求期望水平，并为企业的计划实施和控制决策提供了依据。供应链企业只有通过预测才能及时掌握市场需求变化趋势和可能达到的需求水平，并根据企业的自身条件，选择和确定供应链目标市场。

（2）有利于供应链利用市场调节，合理配置资源。由于市场竞争的加剧，产品生命周期不断缩短，客户需求越来越趋于个性化，许多制造企业都采用了大规模定制生产的方式来为客户提供产品，通过对这些新业务流程的预测，以市场价格波动来调节各个企业自动决定商品产需衔接，自发地形成社会资源配置的流向。

（3）有利于提高供应链整体的竞争能力。从现代竞争观念来看，决定企业竞争能力的关键是信息情报的数量和质量。

因此，需求预测是供应链的第一推动力。

四、需求预测的特点

1. 预测通常有误差

预测是根据过去和现在推知未来，而未来充满不确定性，除非极端巧合，否则误差是不可避免的。不确定性无处不在，供应商、生产商、消费者的不确定性，衔接的不确定性以及运营的不确定性，管理者无法预测所有影响未来的因素，但这不意味着未来就无法预测，管理者可以通过多种方法建立不同的预测模型来降低预测的不确定性。

对供应链管理者而言，预测的目的之一在于降低对未来需求的不确定性。

2. 提前期长短影响预测的精确度

短期的需求预测通常比长期的需求预测准确。随着时间的推移，不确定因素会更多，短期预测结果会造成误差并逐渐积累，长期误差的偏离度也会加大。此外，越来越多的产品生命周期极短，很多都不会发生第二次销售，导致长期预测结果误差较大。

对于供应链管理者而言，需要定期对预测模型进行调整，提高预测的准确度。

3. 综合预测的精确度通常高于独立预测

综合预测是综合定性分析预测模型和定量分析预测模型，对市场需求改变、产品需求量及供应链上下游企业的预测。与独立预测相比，其预测结果较为可靠与精确。

对于供应链管理者而言，需要将定性预测方法与定量预测方法相结合，提高预测的准确度。

4. 上游（距离客户越远）节点的预测精确度通常低于下游节点

当整个供应链节点企业处在"信息孤岛"的环境下，需求信息的不真实性会沿着供应链逆流而上，从供应链末端到供应链上游企业的订单预测会被层层放大，呈现需求变异逆向放大的"牛鞭效应"。在买方市场条件下，需求从供应链末端到供应链上游企业的订单预测会被层层缩小，呈现需求变异逆向缩小的现象，预测误差越来越大。需求预测误差的积累最终会造成供应链各环节可能频繁出现库存积压与库存短缺并存的现象，极大地影响供应链的运营绩效。

对于供应链管理者而言，实现信息透明的传输系统和信息共享机制的供应链体系是提高预测准确性的关键。

五、需求预测的内外影响因素

客户需求受到一系列因素的影响，如果企业可以确定这些因素与未来需求之间的关系，那么需求就是可以预测的，至少在某种程度上是可以预测的。为了预测需求，企业必须了解与需求预测有关的大量因素。

企业内部的影响因素包括商业信誉、产品补货提前期、计划的广告或营销活动、产品生命周期、供应链的供给能力等。

企业外部的影响因素包括过去的需求、经济状况、竞争者的行为、客户的购买行为、市场条件、随机因素等。

培训课程 3

供应链计划制订

供应链计划主要包括供应链综合计划、销售与运营计划,其目的是实现供需平衡。

一、供应链综合计划

1. 供应链综合计划的定义

供应链综合计划是关于供应链全局性、综合性的计划,它是企业根据一定时期的客户需求,综合考虑企业内部以及供应链合作伙伴的资源约束,决定理想的生产能力、生产运作、业务外包、库存水平、缺货水平、产品定价等而制订的有关产品族的计划。

2. 供应链综合计划的目标

供应链综合计划的目标是确保供应链的供应与需求平衡,旨在满足用户需求的同时实现供应链利润的最大化。借助于供应链综合计划,企业能够有效配置本企业和供应链成员企业的资源,并充分发挥供应链企业群体的能力,确保供应链能低成本地满足客户需求。

供应链综合计划为企业的生产运营提供指导,为企业的短期生产和分销决策提供依据,使供应链能有效配置资源并加强和成员企业之间的柔性合作。该计划能进一步增强供应链成员企业之间计划的协同性,使整个供应链企业群体能协同运作。例如,一家制造企业计划在某个季度增加产量,那么与之合作的供应商、物流商、分销商等合作伙伴都必须了解该计划并对本企业的计划做出相应调整。

3. 供应链综合计划制订所需的关键信息

(1)计划期内每个时期的需求预测值。

(2)生产成本。生产成本包括正常生产的人力成本、加班生产的人力成本、外包（或转包）的生产成本、产能变更成本（增加或减少机器设备等产生的成本）。

（3）生产单位产品所需的劳动力工时和机器设备的工作时间（台/时）。

（4）库存成本，也称库存持有成本。

（5）缺货成本或延期交货成本。

（6）约束。约束包括加班的限制、员工解雇的限制、可用资本的限制、缺货与延期交货的限制、供应商的供应约束等。

根据预测的需求和客户订单，供应链综合计划系统通常会对未来一年的生产进行计划，并通过每个月检查、每个季度修订的方式来更新计划以适应需求的变化。供应链综合计划的质量会对企业的盈利水平产生很大影响。若供应链综合计划失调，可能导致企业库存和产能无法满足需求，从而丧失销售机会，导致企业亏损。因此，供应链综合计划是实现供应链利润最大化必不可少的工具。

4.供应链综合计划的基本策略

制订供应链综合计划时，为了在产能、库存和延期交货成本之间进行权衡，通常可以采用均衡策略、追赶策略和时间弹性策略。

（1）均衡策略。该策略以库存作为杠杆，保持生产均衡。实施均衡策略，企业保持稳定的设备产能和劳动力数量，以使产出均衡。在这种情况下，企业根据需求预测来设置库存，往往导致生产与需求不一致。该策略的优点是产能利用率高，生产成本低，员工享有稳定的工作环境；缺点是需求预测可能不准确，从而造成库存积压或短缺。均衡策略适用于库存成本和延期交货成本较低的情况。

（2）追赶策略。该策略以产能为杠杆，通过调整设备产能或者雇用/解雇劳动力，使生产水平与需求保持同步。事实上，企业在短期内改变设备产能和劳动力是有难度的，因此要实现生产与需求同步并不容易。若调整设备产能和劳动力的代价较高，采用该策略的成本也会较高，而且还会导致员工士气低落。追赶策略的特点是供应链库存水平较低，设备产能和员工数量的变动水平较高，适用于库存成本高而改变产能容易的情形。

（3）时间弹性策略。该策略以设备产能和劳动力的利用率为杠杆，适用于产能过剩、库存成本较高、设备产能占用成本较低、劳动力安排比较灵活的情形。实施时间弹性策略，员工的数量固定不变，而员工的工作时间根据生产需求而改变，目的是使生产与需求保持同步。在制订生产计划时，可以利用不同的班次灵活调整工作时间来使生产与需求保持一致，无须调整员工数量，从而避免追赶策略带来的员工士气低落等问题。

在实际工作中,上述三种供应链综合计划策略应综合、灵活地加以利用,即采用混合策略。

二、销售与运营计划

1. 计划值的定义

计划值又称计划工作预算费用,是指为计划活动或工作分解结构,根据进度计划,在某一时间应当完成的工作(或部分工作),以预算为标准所需要的资金总额。

计划值主要是反映进度计划应当完成的工作量,而不是反映应消耗的工时(或费用)。计算公式为:

$$计划工作预算费用 = 计划工作量 \times 预算单价$$

一般来说,除非合同有变更,计划值在工程实施过程中应保持不变。

2. 销售与运营计划的作用

(1)将各个部门的运作与企业的经营计划联系起来。

(2)提供了一个满足企业经营目标的可行的生产计划。

(3)使所有的部门都朝着同一个目标努力。

(4)避免由于企业各个部门单方面的决定而影响企业整体效益。

3. 销售与运营计划的基本要素

(1)供给、需求。取得良好经营业绩的关键在于保持适当的供需平衡,拥有维系供需平衡的经营流程,建立早期预警机制,以防工序不平衡。

(2)产出量。产出量关注的是产品族的总体决策,包括生产多少、生产率等。

(3)产品组合。产品组合是指一个企业生产或经营的全部产品线、产品项目的组合方式。

4. 销售与运营计划的周期

销售与运营计划是一个业务过程,通过对市场、研发、采购、生产、财务等部门的沟通和协调,做出对市场变化具有快速响应的决策,以适应市场需求的变化,实现一个可执行的出货计划,帮助企业保持需求与供应的平衡。销售与运营计划考虑的是产品的总量,一般每月修订一次,所显示的信息包括数量和金额。

5. 销售与运营计划的流程

销售与运营计划包括销售计划和运营计划。销售计划是根据不受约束的市场计划制订的，不受约束的市场计划是指当没有任何供应链运作约束时，能够达到的最大销售数量和盈利水平。运营计划是企业结合销售计划和资源约束的生产目标计划，力图在资源约束下满足需求。销售与运营计划流程如图5-8所示。

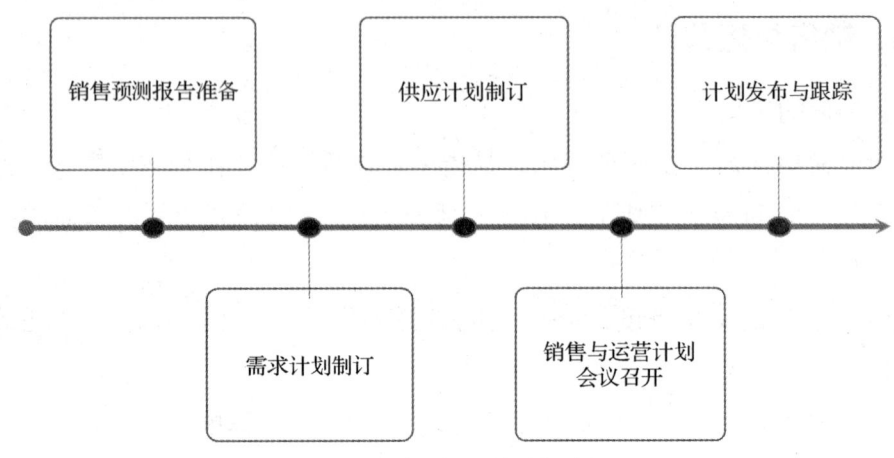

图5-8 销售与运营计划流程

（1）销售预测报告准备。这一步由信息统计部门在每月月底或月初更新前几个月的数据结果，为当前规划周期生成所需数据，信息部门要将这份报告提交给所有相关人员。销售预测报告主要包括以下内容。

1）上月实际销售情况（含各产品族销售量和销售额、各区域业绩、销售完成率）。

2）产品和物料库存、生产及未完成的订单等。

3）销售分析数据和对预测准确性的统计分析。

（2）需求计划制订

1）销售和市场部门对上一步骤所产生的关于产品的新信息进行评估和讨论，确认销售和营销数据。

2）生成产品的统计预测量。

3）基于某些情况修改统计预测，生成管理预测，生成新的月度初步电子表格。

4）将销售预测转换成货币值（美元、欧元、人民币等），给财务部门使用。

5）将管理预测提交给运营部门。

（3）供应计划制订

1）检查需求计划制订中的管理预测初步表格。

2）根据需求计划制订中的变化修改已有生产计划，调整生产库存（未结订单），生成管理预测优化表格。

3）进行新产品计划的充分性研讨，反应在资源计划报告中。

4）总结需要在执行会议中解决的问题，包括额外资源的资金需求。

5）准备预备计划的财务分析报告。

（4）销售与运营计划会议召开。参与人员包括销售、市场、研发、财务、供应链相关部门经理，主要工作包括：就供需平衡问题做出初步决定；讨论已发生或可能发生的约束问题，并形成一致的对策，提交给领导层会议作为参考；明确不能达成一致的问题项，包含有关的背景和数据，以及为解决问题所需的资源，提交给领导层会议决策。

（5）计划发布与跟踪

1）审查、验收或修改预备会议中的决议。

2）授权生产与采购速度的重要变更。

3）将销售运营计划与商业计划一致，如有必要可以修改。

4）解决在预备会议中不能达成一致的问题。

5）评估客户服务水平和经营业绩。

培训课程 4

生产物流管理

生产物流在企业物流中处于中心地位,是企业生产的重要环节,它是和生产同步进行的,是企业内部所能控制的。生产物流会受生产类型、生产规模、生产的专业化水平与协作水平、内部管理等因素的制约。生产物流合理与否对企业的生产秩序、生产成本有很大影响。

一、生产物流的定义与要求

1. 生产物流的定义

生产物流是指原材料、燃料、外购件等投入生产后,经过下料、发料,被运送到各加工点和储存点,以在制品的形态从一个车间流入另一个车间的物料流转过程。生产物流管理就是为了以最低的物流成本保证企业生产计划的正常进行,而对生产物流活动进行的计划、组织、协调与控制。

2. 生产物流的要求

(1)连续性。连续性是指企业生产的每一道工序都是按照正常物流的顺序按部就班进行的,环环相扣。若某一个环节出现问题,造成返工或停工,形成内部物流阻塞,就会影响生产的正常进行。

(2)节奏性。节奏性是指在生产过程中,从投料到入库都应保证生产各环节在相同时间间隔内生产数量相同的产品,有节奏地、均衡地完成生产任务。

(3)比例性。组成产品的物流量不同,就会形成产品物流过程的比例性。

(4)适应性。适应性是指当产品换代或改进时,要求生产过程具有较强的应变能力,即在短时间内调整生产,并生产出另一种产品。物流过程也应具备相应的应变能力。

二、生产类型

企业的生产类型是生产的产品产量、品种和专业化程度在企业技术、组织和经济上的综合反映和表现。它在很大程度上决定了企业和车间的生产结构、工艺流程和工艺装备特点，生产过程的组织形式及生产管理方法同时也决定了与之匹配的生产物流类型。

按生产方式和物流管理特点可以把各类生产过程分为大量生产、单件小批生产和成批生产三种基本生产方式，详见表5-5。

表 5-5　生产过程的三种基本生产方式和物流管理特点

类型	生产方式特点	物流管理特点
大量生产	生产的产品品种少，每一种产品的产量高，不断稳定重复地进行生产	一般这类产品在一定时期内具有相对稳定的需求，物流形式稳定
单件小批生产	产品基本上是满足一次性需求的专用产品，一般不重复生产	生产设备和物流设备遵循通用性原则，生产物流的组织形式采用机群式布置的形式
成批生产	生产的对象是通用产品，生产具有重复性，介于大量生产和单件小批生产之间	在生产物流管理上，根据重复生产这一特征，可以按对象专业化原则组织生产

三、生产物流管理方法

1. 生产物流计划

生产物流计划的核心是生产作业计划的编制，即根据计划期内规定的出产产品品种、数量、期限，以及客观实际，具体安排产品及其零部件在各工艺阶段的生产进度。同时，为企业内部各生产环节安排短期的生产任务，协调前后环节的衔接关系。

生产物流计划的任务是保证生产计划的顺利完成，为均衡生产创造条件，加强在制品管理，缩短生产周期。

期量标准是生产物流计划的重要依据，因此也称为作业计划标准，是对加工对象在生产过程中的运动进行科学分析和计算，从而确定的时间和数量标准。"期"表示时间，如生产周期、提前期等；"量"表示数量，如一次同时投入生产的在制品数量、仓库在制品数量等。

"期"和"量"是构成生产作业计划的两个方面。为了合理地组织生产活动，有必要科学地规定生产过程中各个环节在生产时间和生产数量上的内在联系。合理制定的期量标准为编制生产计划和生产作业计划提供了科学的依据，从而提高了计划编制的质量，使其真正起到组织生产的作用。

2. 生产物流控制

在实际的生产物流系统中，由于受系统内部和外部各种因素的影响，计划与实际之间会产生偏差，为了保证计划顺利完成，必须对物流活动进行有效控制。

（1）生产物流控制的内容与要素

1）生产物流控制的内容

①进度控制。物流控制的核心是进度控制，即对物料在生产过程中的流入、流出、物流量进行控制。

②在制品管理。在制品管理是指在生产过程中对在制品进行静态、动态控制以及占有量的控制。在制品控制包括在制品实物控制和信息控制。有效地控制在制品，对及时完成作业计划和减少在制品积压均有重要意义。

③偏差测定和处理。在进行作业过程中，按预定时间及顺序检测执行计划的结果，掌握计划量与实际量的差距，根据产生差距的原因、差距的内容及严重程度，采取不同的处理方法。

2）生产物流控制的要素。完成上述控制内容的系统可以采用不同的形式和结构，但具有一些共同的要素。

①强制控制和弹性控制。强制控制是指为生产对象在生产期限和生产数量方面所规定的标准数据和监督程度方面实行强约束。弹性控制是指结合内部条件和外部环境的变化，使其在期量标准、监督手段方面的约束力在一个可接受的范围内变化，具有灵活性。

②目标控制和程序控制。目标控制是指通过控制系统核查生产实际结果，程序控制是指通过控制系统对生产程序、生产方式进行核查。

③管理控制和作业控制。管理控制的对象是全局，是指为使系统整体取得最佳效益而按照总体计划来调节各个环节、各个部门的生产活动。作业控制的对象是局部，是指对某项作业进行控制，其目的是保证具体任务或目标的实现。

（2）生产物流控制的程序。生产物流控制的程序对不同类型的生产方式来说基本相似。为与生产物流控制的基本内容相适应，生产物流控制的程序一般如下。

1）制定期量标准。物流控制从制定期量标准开始，所制定的期量标准要保持先进与合理的水平。随着生产条件的变化，要对期量标准进行定期和不定期修订。

2）制订物流计划。依据生产计划制订相应的物流计划，并保持生产系统能够正常运转。

3）收集、传送、处理物流信息。

4）短期调整。为了保证生产的正常进行，应及时调整偏差，保证计划顺利完成。

5）长期调整及有效评估。

（3）生产物流控制的原理。在生产物流系统中，物流协调和减小各环节生产和库存水平变化的幅度是很重要的。系统的稳定与所采用的控制原理有关。

1）物流推进控制原理。这种原理的基本方式称为推进方式，是根据最终需求量，在考虑各阶段的生产提前期之后向各阶段发布生产指令。

物流推进控制原理的特点是集中控制，每个阶段的物流活动服从集中控制的指令。从这方面看，各阶段没有独立影响本阶段局部库存的能力，这就意味着这种控制原理不能使各阶段的库存保持期望水平。

2）物流拉引控制原理。这种原理的基本方式称为拉引方式，是在最后阶段按照外部需求，向前一阶段提出物流供应要求，前一阶段按本阶段的物流需求向上一阶段提出要求，依次类推，接受要求的阶段再重复地向前一阶段提出要求。这种方式在形式上是多道工序，但由于各阶段各自独立地发布指令，所以实质上是前一阶段的重复。

物流拉引控制原理的特点是分散控制，分散控制的目标是满足局部需求，在这种控制原理中，所有的局部控制在本阶段达到要求。由于没有实时协调，在各个局部控制中没有考虑满足需求和降低库存费用的总目标，因此采用此控制原理，系统中总的库存水平一般会高于基准库存水平。

四、物料需求计划

1. 物料需求计划的定义

生产制造企业根据市场需求制订营销计划之后，其生产系统必须按照规定的时间交付产成品，由此产生了主生产进度计划，再根据产品的数量与层次结构，逐层逐次地得出各种零部件的需求时间，这就是物料需求计划。

2. 物料需求计划的特点

（1）作业计划的及时性。物料需求计划根据反工艺顺序法的原理，从最终产品的数量和期限的计划出发,按产品结构展开,再按照存储量和提前期等,推算各种零部件的投入、产出的数量和期限。物料需求计划在情况变化时能及时调整。

(2)需求的相关性。在流通企业中,各种需求往往是独立的;而在生产系统中,需求具有相关性。例如,在根据订单调整所需产品的数量之后,由产品结构文件即可推算各种零部件和原材料的数量,这种根据逻辑关系推算出来的物料数量称为相关需求。不仅品种、数量有相关性,需求时间与生产工艺过程的确定也有相关性。

(3)需求的确定性。物料需求计划的需求都是根据主生产进度计划、产品结构文件和产品库存文件精确计算得出的,品种、数量和需求时间都有严格要求,不可随意改变。

(4)计划的复杂性。物料需求计划根据主生产进度计划、产品结构文件、产品库存文件、生产时间和采购时间,精确计算出产品所需要的零部件的数量、时间、先后关系等。当产品结构复杂、零部件数量特别多时,其计算工作量非常庞大,必须依靠计算机实施这项工程。

培训课程 5 库存管理

一、库存认知

1. 库存的定义

库存是指一切当前闲置的，用于未来的，有经济价值的资源。其优点是：防止生产中断或供货不足，节省订货费用，改善服务质量。其缺点是：占用大量资金，产生一定的库存成本，掩盖了企业生产经营中存在的部分问题。

2. 库存的作用

有生产就会有库存，库存对市场的发展、企业的正常运作与发展具有非常重要的作用，详见表 5-6。

表 5-6 库存的作用

作用	说明
维持销售产品的稳定	销售预测型企业对最终销售产品必须保持一定数量的库存，其目的是应付市场的销售变化。在这种方式下，企业并不预先知道市场真正需要什么，只是按照市场需求预测进行生产，因而产生一定数量的库存是必要的。但随着供应链管理的形成，这种库存正在减少或消失
维持生产的稳定	企业按销售订单与销售预测安排生产计划，并制订采购计划，下达采购订单。由于采购的物品需要一定的提前期，这个提前期是根据统计数据或者是在供应商生产稳定的前提下制定的，但存在一定的风险，有可能会拖后而延迟交货，最终影响企业的正常生产，造成生产的不稳定。为了降低这种风险，企业就会增加材料的库存量
平衡企业物流	在采购材料、生产用料及在制品、销售物品的物流环节中，库存起着重要的平衡作用。采购的材料会根据库存能力（资金占用等）协调来料收货入库，同时对生产部门的领料应考虑库存能力、生产线物流情况（场地、人力等）等进行物料发放平衡，并协调在制品的库存管理。另外，对销售产品的库存也要视情况进行协调（各个分支仓库的调度出货速度等）

续表

作用	说明
平衡流通资金的占用	库存的材料、在制品及成品是企业流通资金的主要占用部分，因而库存量的控制实际上也是流通资金的平衡。例如，加大订货批量会降低企业的订货费用，保持一定量的在制品库存与材料会节省生产交换次数，提高工作效率

3. 库存的分类

（1）经常库存。经常库存又称周转库存，这种库存是为满足客户日常的需求而产生的。保持经常库存的目的是衔接供需，缓冲供需双方在时间上的矛盾，保障供需双方的经营活动都能正常进行。这种库存的补充是按照一定的数量界限或时间间隔进行的。

（2）安全库存。为了防止不确定因素（如突发性大量订货或供应商延期交货）影响而准备的缓冲库存称为安全库存。

（3）加工和运输过程库存。处于流通加工或等待加工而暂时被存储的商品称为加工库存。处于运输状态（在途）或为了运输（待运）而暂时处于储存状态的商品称为运输过程库存。

（4）季节性库存。季节性库存是指为了满足在一定的季节中出现的特殊需求而建立的库存，或指对在特定季节生产的商品、在产成季节大量收存所建立的库存。

（5）沉淀库存或积压库存。沉淀库存或积压库存是指因商品品质出现问题或发生损坏，或者因没有市场而滞销的商品库存，也包括超额储存的库存。

（6）促销库存。促销库存是指为了与企业的促销活动相配合而产生的预期销售增加所建立的库存。

（7）时间效用库存。时间效用库存是指为了避免商品原材料价格上涨给企业带来亏损，或为了从商品价格上涨中得到利益而建立的库存。

二、库存成因分析

1. 库存常见的原因

（1）计划性或策略性需要

1）应急的需要。例如，某零件由于技术原因，供应商很难在短期内按时、按质、按量供货，为减少缺货风险，经销商会加大库存。

2）竞争的需要。例如，某企业加大生产量和市场供应量，同时以十分低廉甚至是低于成本的价格向市场抛售，有效打击竞争对手并使其退出市场，占领市场后再抬高价格获取利润。

（2）管理失误

1）市场预测错误、订单管理和客户管理衔接失误。

2）生产计划失误。

3）供应来源出现问题，如供应商前置时间过长、供应不及时等。

（3）不确定性因素

1）客户需求的不确定性。

2）供应的不确定性，如自然灾害、需求激增、供货延误等。

2. 降低库存的策略

一般而言，库存过高对企业没有太多好处（投机性低价采购除外），消除多余的库存是非常重要且必要的，降低库存的策略如下。

（1）减少不必要的库存。并不是所有的库存都能发挥其作用来满足生产和交货的需求，对于企业来说，库存管理的目标之一是提高可用库存占库存总量的比例。

（2）减少整批交货的订单。减少整批交货的订单来降低企业库存水平，对订单严格控制，定期检查预留库存的情况，加强与销售部、财务部及客户之间的沟通，尽快消除因付款、客户项目延期等原因造成的预留库存。

（3）降低企业内部的库存成本。企业可以采取充分利用立体空间、对采购物品限期供应等措施来降低企业内部的库存成本。

三、库存供需关系

1. 供需关系的定义

"供"为供应商，"需"为客户，供需关系是对供应商与客户之间关系的一个宏观描述。现代物流管理可以运用计划、组织、协调、指挥、控制等管理职能，借助现代物流的理念和技术，对运输、储存、装卸搬运、包装、流通加工、配送、物流信息处理等物流活动进行有效组织和资源的优化配置，以解决物流系统中供需关系之间存在的时间、空间、数量、品种、价格等方面的矛盾，为客户提供满足其要求的物流服务。

2. 库存供需关系

仓储的概念包含"仓"和"储"两个方面，良好的仓储管理能够保障供给和需求之间的平衡。

由于供给和需求之间存在时间差，生产和消费一般不可能完全同步进行。有的物资是集中生产，却是持续消费，如粮食；有的物资是持续生产，却是集中消费，如皮装等季节性商品。诸如此类的商品都要靠仓储调节市场供需。

通过科学的仓储管理，可以缩短、延长或者弥补供需之间的时间差来创造物流的时间价值；通过加强对物资的养护，可以保护处于待使用状态的物资的使用价值；同时做好物资的合理供应和分配，做到流向合理，加快物资流转速度，使有限的物资及时发挥最大的效用。

四、库存管理的任务

1. 库存管理的定义

库存管理主要是从事与库存物料的计划与控制有关的业务，目的是支持生产运行，如图5-9所示。

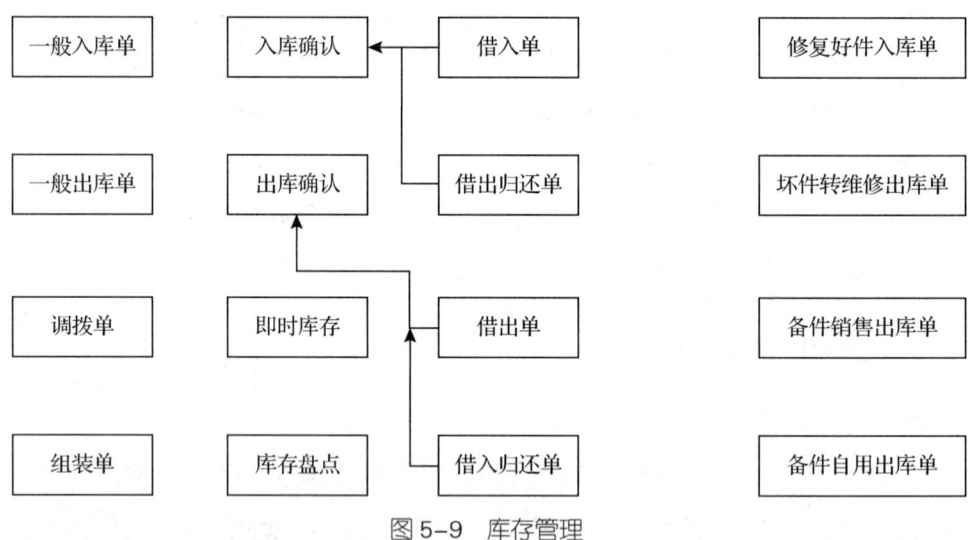

图5-9　库存管理

2. 不同企业的库存管理

不同企业对库存管理有不同的认识，详见表5-7。

表 5-7 不同企业的库存管理

类型	内容
持有库存	企业持有一定的库存,有助于保证生产正常、连续、稳定进行,也有助于保质、保量地满足客户需求,维护企业声誉,巩固市场占有率
控制合理库存	库存管理的目的是保持合适的库存量,既不能过度积压,也不能短缺。库存控制的标准、库存控制的数量、配置库存的方法都是库存管理的风险计划问题
零库存	零库存就是高效库存管理的改进措施,并在企业中得到了广泛的应用

3. 库存管理的方式

(1) 供应商管理库存。供应商管理库存(VMI)在商品分销系统中的使用越来越广泛,有学者认为这种库存管理方式是未来的发展趋势。

VMI 是以实际或预测的客户需求和库存量,作为市场需求预测和库存补货的解决方法,即由销售资料得到客户需求信息,供货商可以更有效地计划、更快速地反映市场变化和消费需求,如图 5-10 所示。

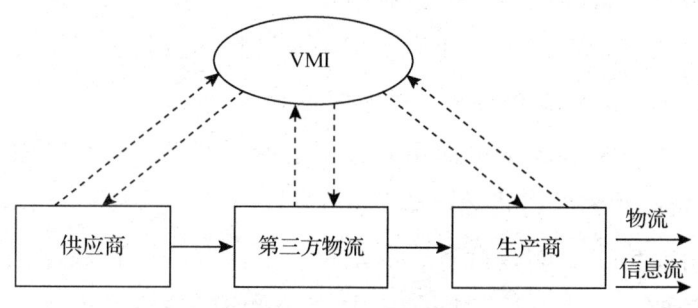

图 5-10 第三方物流参与的供应商管理库存

(2) 联合库存管理。联合库存管理(JMI)由供应商与客户共同管理库存,进行库存决策,是一种新的有代表性的库存管理思想。

JMI 是一种在 VMI 的基础上发展起来的上游企业和下游企业权责平衡和风险共担的库存管理模式。JMI 体现了战略供应商联盟的新型企业合作关系,强调供应链企业之间的互惠互利,如图 5-11 所示。

4. 库存管理的意义

(1) 在保证企业生产、经营需求的前提下,使库存量经常保持在合理的水平。

(2) 掌握库存量动态,适时、适量提出订货,避免超储或缺货。

(3) 减少库存空间占用,降低库存总费用。

(4) 控制库存资金占用,加速资金周转。

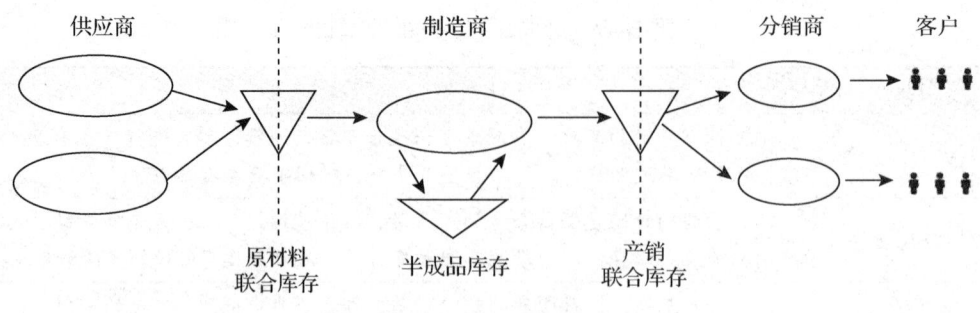

图 5-11 联合库存管理

五、库存成本管理

1. 库存成本的定义

库存是供应链环节的重要组成部分，它是一个组织所储备的所有物品和资源，库存成本是在整个库存过程中所发生的全部费用。

2. 库存成本的构成

（1）订货成本。订货成本是指企业向外部的供应商发出采购订单的成本或者企业内部的生产准备成本，即企业为实现一次订货而进行各种活动的成本，订货成本包括订购成本、进货验收成本、进库成本等。

（2）采购成本。采购成本包括不同订货批量下产品的价格或制造成本（加工费），与采购物资的价格、订货数量有关。

（3）库存持有成本。库存持有成本是指与所储存的库存数量相关的成本，通常包括库存投资资金成本、库存服务成本、仓储空间成本及库存风险成本。持有库存可以保证生产和销售的稳定、调整供需矛盾和季节性差异、保证客户服务水平等。

1）库存投资资金成本。库存投资资金成本是指库存商品占用了可以用于其他投资的资金，不管这种资金是从企业内部筹集还是从外部筹集（如销售股票或从银行贷款等）的，对于企业而言，都因为保持库存而丧失了其他的投资机会，因此应以使用资金的机会成本来计算库存持有成本中的资金成本。事实上，资金成本往往占持有成本的较大比例。

2）库存服务成本。库存服务成本由按货物金额计算的税金和为维持库存而产生的火灾、盗窃保险等组成。一般情况下，税金随库存水平的不同而不同。库存水平对保险费率没有影响。保险作为一种防护性措施，帮助企业预防火灾、偷盗等所带来的损失，因此许多企业会为其产品或原料购买保险。

3）仓储空间成本。仓储空间成本是因占用存储建筑内立体空间所支付的费用。仓储空间成本通常和四类常见设施（工厂仓库、公共仓库、租用仓库、公司自营或私人仓库）有关。

4）库存风险成本。库存风险成本一般包括废弃成本、损坏成本、损耗成本、移仓成本。废弃成本是指由于再也不能以正常的价格出售而必须废弃产生的成本。损坏成本是仓库营运过程中发生的产品损毁而丧失使用价值的产品成本。损耗成本多是因为盗窃造成的产品缺失而损失的产品成本。移仓成本是指为避免废弃而将库存从一个仓库所在地运至另一个仓库所在地时产生的成本。

（4）缺货成本。不同的公司对其库存的状态有不同的要求，一般是指由于库存供应中断而造成的损失。

3. 库存持有成本的影响因素

（1）库存投资的机会成本率。影响库存持有成本的首要因素是库存投资的机会成本率。企业的库存投资资金来源不同，其计价成本率也不同。库存投资是以丧失其他投资机会为代价的，因此必须以其他投资机会的回报率作为计算持有成本的依据。一般而言，企业资金越富余，库存持有成本中资金成本率越低；企业资金越短缺，库存持有成本中资金成本率越高。所以，资金富余的企业可以保持一个较高水平的库存来满足市场的需要；而资金短缺的企业应采取措施降低库存水平，减少库存对资金的占用。

（2）库存周转率。从理论上讲，库存持有成本与库存周转率成反比关系，库存周转率越高，库存占用资金的时间越短，库存持有成本越低。但事实上，企业不能单纯考虑库存持有成本而采用某种库存策略，而应该通盘考虑整个物流系统，以整体成本最低来制定库存策略。库存周转率越高，对物流系统的要求也越高，一味提高库存周转率，可能导致批量成本、运输配送成本、缺货成本的增加大于持有成本的减少，总成本上升。因此，利用库存周转率来降低持有成本的策略只能在一定的范围内使用才有效。

（3）仓库的类型和存货水平的变动情况。库存所使用的仓库类型不同，其持有成本中的空间成本也不一样。

1）在工厂仓库条件下，仓储空间成本可以忽略不计。因为使用工厂仓库的仓库成本并不随存货水平的变动而变动，即使有的成本是变动的，通常也是随着流过设施的产品数量而变动，与库存水平无关，而固定成本和配置成本也与库存策略的制定无关。

2）在公共仓库条件下，仓储空间成本通常基于移入和移出仓库的产品数量（搬运费用）以及储存的库存数量（储存费用）来计算。在此种条件下，搬运费用应被认为是产量成本，不属于库存持有成本；储存费用应包含在库存持有成本中，因为其与库存水平有关。

3）在租用仓库条件下，租用仓库数量基于合同规定期间的最大储存需求而定。因此，仓库租用成本并不随库存水平的改变而频繁波动。尽管租用率可能会在每月或每年因新合同的签订而有所不同，但大部分成本（如租用费、管理者薪酬、安全成本和维修费等）在短期内是固定的，少量费用（如劳动力和设备的运转费用）随产量的变化而变化。

4）在合同期内，很少有成本随库存水平的变化而变化。因此租用仓库的成本应计入仓储成本而不应计入库存持有成本。如果是因为改变库存水平而产生的仓租，如因销售旺季而须额外租用仓库发生的成本则要计入库存持有成本。

因此，只有使用公共仓库的空间成本与库存水平密切相关，而使用工厂仓库和公司自营仓库的空间成本几乎与库存水平无关，因此不影响持有成本。租用仓库在库存水平不频繁变动的情况下，其仓储空间成本也可忽略。

职业模块 6
物流信息技术基础知识

培训课程 1 条形码技术

一、条形码技术概述

1. 条形码与条形码技术的定义

（1）条形码的定义。条形码简称条码，是将宽度不同的多个黑条（简称条）和空白（简称空）按照一定的编码规则排列，用以表达一组信息的图形标识符，其组成如图6-1所示。

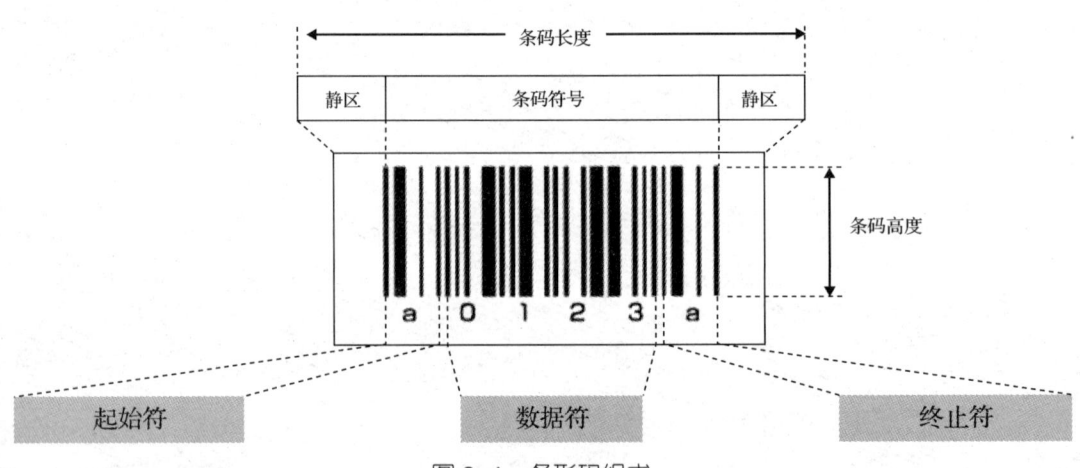

图6-1 条形码组成

1）静区。静区是指条形码左右两端外侧与空的反射率相同的限定区域，是没有任何符号的白色区域，仅用来提示条形码阅读器开始扫描。

2）起始符。起始符是指条形码符号的第一位字符，标志一个条形码符号的开始，阅读器确认此字符存在后开始处理扫描脉冲。

3）数据符。数据符是指位于起始符后的字符，用来记录一个条形码的数据值，其结构异于起始符，允许双向扫描。

4）终止符。终止符是指条形码符号的最后一个字符，标志着一个条形码的结束，阅读器在确认该字符后停止工作。

（2）条形码技术的定义。条形码技术是在计算机应用实践中产生和发展起来的一种自动识别技术，是实现快速、准确、可靠采集数据的有效手段。条形码技术的应用为物流管理提供了有利的技术支持，条形码技术的核心内容是通过光电扫描设备识读条形码符号来实现机器的自动识别，并快速准确地把数据录入计算机进行数据处理，从而达到自动管理的目的。

2. 条形码技术的特点

（1）信息采集速度快，并且能实现即时数据输入。

（2）可靠性高，采集信息量大。

（3）设备简单，易于操作。

3. 条形码技术的原理

条形码符号是由反射率不同的条、空按照一定的编码规则组合起来的一种信息符号，由于条形码符号中条、空对光线具有不同的反射率，从而使条形码扫描器接收到强弱不同的反射光信号，相应地产生电位高低不同的电脉冲，而条形码符号中条、空的宽度则决定电位高低不同的电脉冲信号的长短。扫描器接收到的光信号需要经光电转换成电信号并通过放大电路进行放大。由于扫描光点具有一定的尺寸、条形码印刷时的边缘模糊性以及一些其他原因，经过电路放大的条形码电信号是一种平滑的起伏信号，这种信号被称为"模拟电信号"。"模拟电信号"需经整形变成通常的"数字信号"。根据码制对应的编码规则，译码器便可将"数字信号"译成数字、字符信息。条形码扫描器利用光电元件将检测到的光信号转换成电信号，再将电信号通过模拟数字转换器转化为数字信号传输到计算机中处理。条形码识别原理如图 6-2 所示。

二、常用的条形码种类

1. EAN 条形码

EAN 条形码也称通用商品条码，是国际通用的符号体系，是一种长度固定、无含义的条形码，表达的信息全部为数字，主要用于商品标识。EAN 条形码符号有标准版和缩短版两种。标准版用 13 位数字表示，又称为 EAN-13 码，缩短版用 8 位数字表示，又称 EAN-8，如图 6-3 和图 6-4 所示。两种条形码的最后一位为校验位，由前面的 12 位或 7 位数字计算得出。

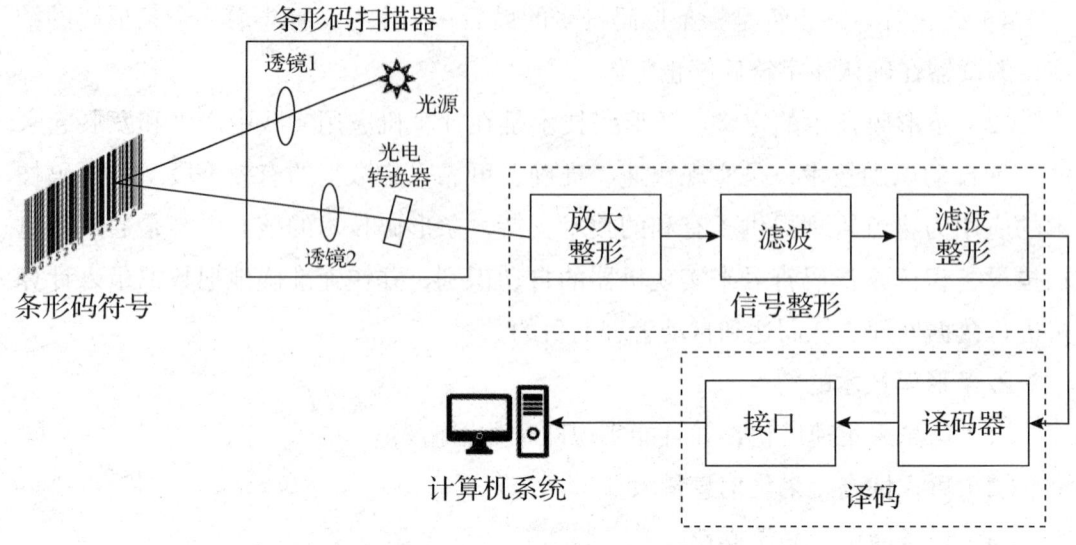

图 6-2 条形码识别原理

图 6-3 EAN-13 码　　图 6-4 EAN-8 码

以条形码 6901234567892 为例介绍 EAN 条形码的编制方法，共分为 4 个部分，具体如下。第 1~3 位：共 3 位，对应该条形码的 690 是我国的国家代码之一。第 4~8 位：共 5 位，对应该条形码的 12345 是厂商代码，由厂商申请，国家分配。第 9~12 位：共 4 位，对应该条形码的 6789 是商品代码，由厂商自行确定。第 13 位：共 1 位，对应该条形码的 2 是校验码，依据一定的算法由前面 12 位数字计算而得。

2. UPC 条形码

UPC 条形码是美国统一代码委员会制定的一种商品用条码，由 12 位数字代码组成，每一个 UPC 条形码都不一样，主要应用于美国、加拿大等地区。UPC 条形码因其应用范围广而被称为万用条码。

3. Code 39 条形码和 Code 128 条形码

Code 39 条形码多用于物流跟踪、生产线流程等方面，也是较常用的条形码类型之一。Code 39 条形码支持 26 个英文大写字母（A~Z）、10 个数字（0~9）、连接号（-）、空格、英文的句号（.）、加号（+）、斜杠（/）、百分号（%）及美元符号（$），共 43 个字符，可以对任意长度的数据进行编码。

Code 128 条形码是一种高密度的一维条码，可表示从 ASCII 0 至 ASCII127 共 128 个字符（其中包含数字、字母、符号），又称 128 码。

4. 交叉 25 码

交叉 25 码是一种条、空均表示信息的连续型、非定长、具有自校验功能的双向条形码，识读率高，可用于固定扫描器的可靠扫描。

5. 库德巴码

库德巴码（Codabar）为非连续型、具有自校验功能的非定长条码符号。字符集支持 10 个数字（0~9），6 个特殊符号（+、–、/、$、·、:）。其条码符号由左侧空白区、一个起始符、数据符、一个终止符和右侧空白区构成。条码字符间隔把各个条码字符隔开，条码字符的宽度根据宽窄比和被编码的字符确定。

6. PDF417 二维码

PDF417 二维码简称 417 条形码，是一种堆叠式二维条形码，它是一个多行、连续、可变长、包含大量数据的符号标志。PDF417 的一个条码最多可容纳 1850 个字符或 1108 个字节的二进制数据或 2710 个数字。PDF417 条码可以将照片、指纹、掌纹、签字、声音、文字组等可数字化的信息进行编码。PDF417 条码采用了 Reed-Solomon 纠错理论，具有超强的检错纠错能力。另外，该条码还可以采用密码防伪、软件加密以及利用所包含的指纹、照片等信息进行防伪，具有极强的多重防伪性能。

三、条形码的编制原则

1. 唯一性原则

唯一性原则是商品编码的基本原则，是指相同的商品应分配相同的商品代码，基本特征相同的商品被视为相同的商品；不同的商品必须分配不同的商品代码，基本特征不同的商品被视为不同的商品。

2. 稳定性原则

稳定性原则是指商品代码一旦分配，只要商品的基本特征没有发生变化，就应保持不变。同一商品无论是长期连续生产还是间断生产，都必须采用相同的商品代码。

3. 无含义性原则

无含义性原则是指商品代码中的每一位数字不表示任何与商品有关的特定信息。有含义的代码通常会导致编码容量损失。厂商在编制商品代码时，应使用无含义的流水号。

培训课程 2 自动识别技术

一、自动识别技术的定义

自动识别技术就是应用一定的识别装置，通过被识别物品和识别装置之间的接近活动，自动获取被识别物品的相关信息，并提供给后台的计算机处理系统来完成相关后续处理的一种技术。

自动识别技术自动采集数据，自动识别信息，并自动输入计算机，对大量数据信息进行及时、准确的处理。自动识别技术融合了物理世界和信息世界，是物联网区别于其他网络的独特部分。自动识别技术可以对每个物品进行标识和识别，并可以实时更新数据，是构造全球物品信息实时共享系统的重要组成部分，是物联网的基石。通俗地讲，自动识别技术就是能够让物品"开口说话"的一种技术，通过自动识别系统完成数据的采集和存储工作，应用系统软件对自动识别系统所采集的数据进行处理，而应用程序接口软件则提供自动识别系统和应用系统软件之间的通信接口（包括数据格式），将自动识别系统采集的数据信息转换成应用软件系统可以识别和利用的信息，并进行数据传递。

二、常见的自动识别技术

1. 条形码识别技术

条形码本身不是一套系统，而是一种十分有效的识别工具，其提供准确、及时的信息来支持成熟的管理系统。条形码识别技术在物流系统中应用广泛。

2. 生物识别技术

（1）声音识别技术。声音识别是一种非接触的识别技术，这种技术可以用声音指令实现"不用手"的数据采集，尤其适合在采集数据的同时还要动手操作的工作场合。由于声音识别技术的迅速发展以及高效可靠的应用软件的开发，使声音识别系统在很多方面得到了应用。

（2）人脸识别技术。人脸识别技术是指利用分析比较人脸视觉特征信息进行身份鉴别的计算机技术，属于生物特征识别技术。

（3）指纹识别技术。指纹是指人的手指末端正面皮肤上凸凹不平产生的纹线，纹线的起点、终点、结合点和分叉点称为指纹的细节特征点，指纹具有终身不变性、特定性和方便性。指纹识别是指通过比较不同指纹的细节特征点来进行自动识别。

3. 射频识别技术

射频识别（RFID）技术是通过无线电波进行数据传输的非接触式自动识别技术，通过射频信号自动识别目标对象并获取相关数据，识别工作无须人工干预，可在各种恶劣环境中工作。射频识别技术在物流行业中得到了广泛应用。

三、RFID 技术的概述

1. RFID 技术的特点

（1）适用性。RFID 技术依靠电磁波，并不需要双方进行物理接触，能够无视尘、雾、塑料、纸张、木材及各种障碍物建立连接，直接完成通信。

（2）高效性。RFID 系统的读写速度极快，一次典型的 RFID 传输过程通常不到 100 ms，高频段的 RFID 阅读器甚至可以同时识别、读取多个标签的内容，极大地提高了信息传输效率。

（3）独一性。每个 RFID 标签都是独一无二的，通过 RFID 标签与产品的一一对应关系，可以清楚跟踪每一件产品的后续流通情况。

（4）简易性。RFID 标签结构简单、识别速率高、读取设备简单，尤其是随着 NFC（近场通信）技术在智能手机上的普及，手机可以作为最简单的 RFID 阅读器。

2. RFID 技术的优势及劣势

（1）优势。信息存储量大，非接触识别，无须校准，识别距离长，方便快速，信息可更新，标签可重复使用，可适应各种工作环境。

（2）劣势

1）技术不够成熟，其在金属、液体等商品中应用比较困难。

2）成本高，RFID 电子标签的价格约为普通条形码标签的几十倍。

3）安全性不够强，RFID 技术面临的安全性问题主要表现为 RFID 电子标签信息被非法读取和恶意篡改。

4）技术标准不统一。

3. RFID 设备的组成

（1）电子标签。电子标签具有唯一的电子编码，像条形码一样附着在物体上来标识目标对象。

（2）阅读器。阅读器是将标签中的信息读出或将标签所需要存储的信息写入标签装置，是 RFID 系统信息控制和处理中心。在 RFID 系统工作时，由阅读器在一个区域内发送射频能量形成电磁场，在阅读器覆盖区域内的标签被触发，发送存储在其中的数据或根据阅读器的指令修改存储在其中的数据，并能通过接口与计算机网络进行通信。

（3）天线。天线用于阅读器之间传输数据的发送和接收。

4. RFID 技术的工作原理

RFID 技术的基本工作原理并不复杂，即通过传感器发射的无线电波，可以读取电子标签内储存的信息，识别电子标签代表的物品、人和器具的身份；电子标签进入磁场后，阅读器发出射频信号；电子标签凭借感应电流所获得的能量发出存储在芯片中的产品信息（无源标签或被动标签），或者电子标签主动发送某一频率的信号（有源标签或主动标签）；阅读器读取信息并解码后，送至中央信息系统进行有关数据处理。其工作原理如图 6-5 所示。

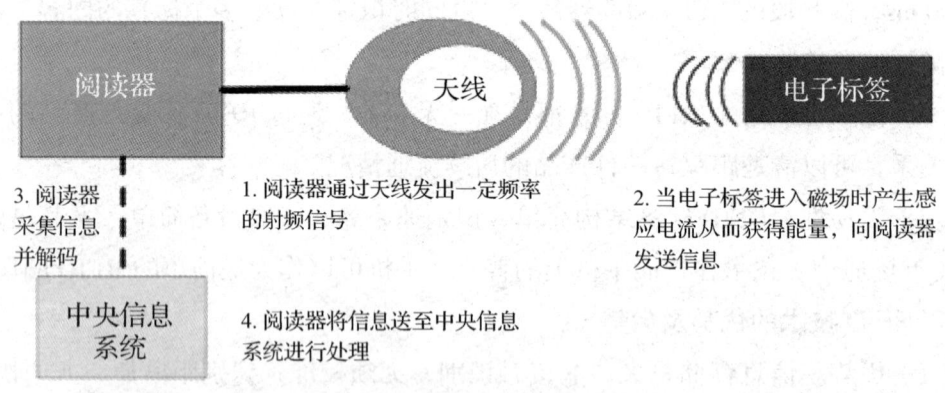

图 6-5　RFID 技术的工作原理

四、RFID 技术在物流领域的应用

RFID 技术在物流领域应用广泛，包括物流过程中的货物追踪、信息自动采

集、仓储管理应用、港口应用等。在仓库中，RFID技术广泛应用于货物存取与库存盘点，实现存货和取货的自动化；在商品运输过程中，可以在长途运输的货物和车辆上粘贴标签，同时在运输路线上的一些检查点安装接收转发装置，直接了解目前在途的货物数量、转运的始发地和目的地、预期到达时间等信息，方便对在途货物进行管理；在到达中央配送中心的所有商品上粘贴标签，系统将这些信息与发货记录进行核对，以检测出可能的错误，将标签更新为最新的商品存放地点和状态，确保精确的库存控制。

培训课程 3

地理信息系统和全球定位系统技术

一、地理信息系统（GIS）技术

1. GIS 的定义

GIS 可以对地球上存在的事物和发生的事件进行成图和分析。GIS 技术把地图独特的视觉化效果和地理分析功能与一般的数据库操作（如查询、统计分析等）汇集在一起。

2. GIS 的组成

（1）硬件。硬件是指操作 GIS 所需的一切计算机资源。

（2）软件。软件是指 GIS 运行所必需的各种程序，主要包括计算机系统软件和地理信息系统软件两部分。

（3）数据。空间数据是 GIS 的操作对象，是现实世界经过模型抽象的实质性内容。

（4）人员。GIS 的用户范围包括设计和维护系统的技术专家、使用该系统并完成工作的人员。

（5）方法。方法主要是指空间信息的综合分析方法，即常说的应用模型。

3. GIS 的工作原理

GIS 的工作原理如图 6-6 所示。

从横向上来看，其功能主要是在数据库中进行数据的存储与检索，并对这些信息进行编辑、查询、分析、可视化等展示与交互处理，最终实现制图。

从纵向上来看，其功能主要是通过对现象文件与地图进行观察，获得原始数据，并对这些原始数据进行编辑，使其成为结构化数据，方便后期查询和分析，并转化成可视化数据供用户使用。

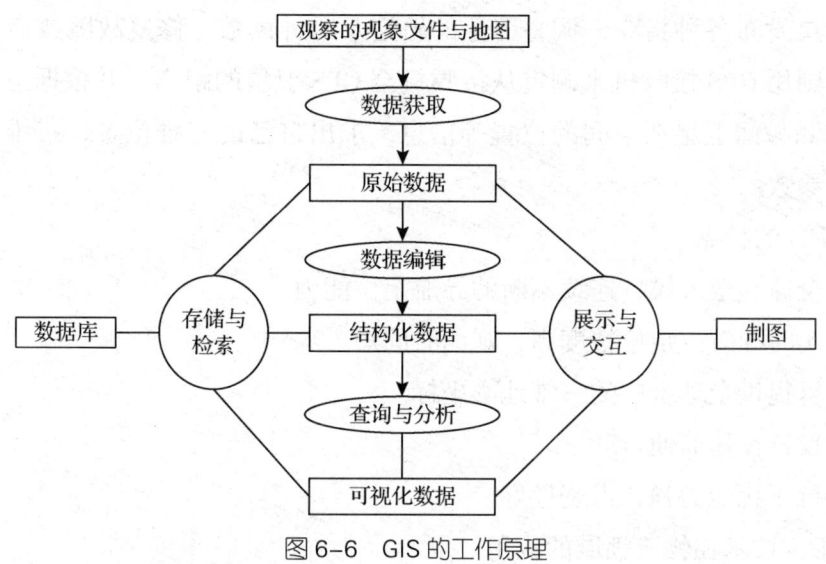

图 6-6　GIS 的工作原理

4. GIS 技术在物流领域的应用

在物流领域，主要利用 GIS 强大的地理数据功能来完善物流分析技术，合理调整物流路线和流量，合理设置仓储设施，科学调配运力，提高物流业的效率。GIS、GPS（全球定位系统）和无线通信技术的有效结合，再辅以车辆路线模型、最短路径模型、网络物流模型、分配集合模型、设施定位模型等，能够建立功能强大的物流信息系统，使物流变得实时并且成本最优。

二、全球定位系统（GPS）技术

1. GPS 的定义

GPS 是一种以人造地球卫星为基础的高精度无线电导航定位系统，它在全球任何地方以及近地空间都能够提供准确的地理位置、车行速度及精确的时间信息。GPS 自问世以来，以其高精度、全天候、全球覆盖、方便灵活等优点吸引了众多用户。GPS 不仅是汽车的"守护神"，同时也是物流行业管理的"智多星"。

2. GPS 的组成与工作原理

全球定位系统由 GPS 卫星、地面监控系统和用户组成。GPS 卫星可连续向用户播发用于进行导航定位的测距信号和导航电文，并接收来自地面监控系统的各种信息和命令以维持系统的正常运转。地面监控系统的主要功能是：跟踪 GPS 卫星，对其进行距离测量，确定卫星的运行轨道及卫星钟改正数，进行预报后，再按规定格式编制成导航电文，并通过注入站送往卫星。地面监控系统还能通过注入站向卫星发布各种指令，调整卫星的轨道及时钟读数，修复故障或启用备用件等。用户则用 GPS 接收机来测定从接收机至 GPS 卫星的距离，并根据卫星星历所给出的观测瞬间卫星在空间的位置等信息，求出自己的三维位置、三维运动速度和钟差等参数。

3. GPS 的特点

（1）全球、全天候、连续不断的导航定位能力。

（2）实时导航，定位精度高，观测时间短。

（3）可提供全球统一的三维地心坐标。

（4）仪器操作简便。

（5）抗干扰能力强，保密性好。

4. GPS 技术在物流领域的应用

在物流领域，GPS 是非常先进和实用的工具。GPS 技术在物流领域的主要应用有：配送车辆的自定位、跟踪调度、陆地救援；内河及远洋轮船最佳航程和安全航线的测定，航向的实时调度、监测及水上救援；航空的空中交通管理、精密进场着陆、航路导航和监视；等等。尤其是在货物配送领域，对可能涉及的货物运输、仓储、装卸、送递等处理环节，对各个环节涉及的问题（如运输路线的选择、仓库位置的选择、仓库的容量设置、合理装卸策略、运输车辆的调度和投递路线的选择等），都可以通过运用 GPS 技术的导航功能及车辆跟踪、信息查询等功能进行有效管理和决策分析，有助于配送企业有效利用现有资源、降低消耗、提高效率。

职业模块 7
物流安全生产基础知识

培训课程 1

人员安全管理

一、物流中心常见安全隐患与预防

1. 常见安全隐患（见表 7-1）

表 7-1　常见安全隐患

类别	说明
车辆伤害	（1）上下班路上发生交通意外 （2）工作期间运/送货的车辆未遵守规则 （3）工作期间未规范操作叉车、拖车等
货物坍塌	（1）成品件堆放位置较高（货架高） （2）原料仓堆放的原料较高（仓库层高高） （3）五金备件、化工原料等物件堆放过高或不平整 （4）仓库内搭建临时建筑物或构筑物 （5）库房内储存物品未分类、分堆、限额存放 （6）堆垛上部与楼板、平屋顶之间的距离小于 0.3 m
人员行为	（1）安全意识不足 （2）违章作业 （3）严重违反劳动纪律 （4）疲劳、带病、带情绪上岗等
仓库普通火灾	（1）仓库堆放较多易燃易爆品，未在醒目处设置"禁止吸烟"标志 （2）有数量较多的车辆、人员等在仓库经过或停留，产生引燃物 （3）库房内货架未采用非燃烧材料制作 （4）消防通道、安全出口、消防车通道等未设置明显标志，堆放物品和放置障碍物影响疏散 （5）圈占、埋压、挪用和关闭消防设施 （6）消防设施没有正常的操作和检修空间 （7）消火栓箱无明显标志、消火栓箱上锁、消火栓箱内配置不齐全

续表

类别	说明
仓库爆炸性火灾	（1）货架遮挡消火栓箱、自动喷淋系统喷头及排烟口 （2）危险品、易爆品、易相互发生化学反应或者灭火方法不同的物品未分间、分库储存 （3）未在醒目处标明危险品、易爆品等的名称、性质和灭火方法 （4）在危险品、易爆品仓库使用明火，且无禁止标志
仓库电气火灾	（1）储存物品与供暖机组、风管炉、烟道之间的距离在各个方向上都小于 1 m （2）电器设备与可燃物的间距小于 0.5 m （3）架空线路下方堆放物品 （4）未在每个库房外单独安装电气开关箱 （5）室内储存场所内敷设的配电线路未用金属管或难燃硬塑料管保护 （6）随意拉接电线，擅自增加用电设备 （7）发现漏电、老化、绝缘不良、接头松动、电线互相缠绕等可能引起电气故障的现象时，未立即停止使用，并未及时修理和更换 （8）违规使用电炉、电烙铁、电熨斗、电热水器等高功率电器 （9）在冬季，违规使用火炉、火盆、电暖器等取暖设备

2. 预防及应对方法

（1）做好生产车间、仓库的设备、货物规划与摆放，预留出必要的消防通道，确保室内的员工在发生紧急情况时能够快速逃生。确保仓库发生突发情况时，救援人员能够快速、准确到达起火点进行有效处置。

（2）企业应根据自身生产特点，严格按照《建筑设计防火规范》(GB 50016)以及相关消防法律法规、技术规范的要求，设置相应的消防设施，经相关部门审核验收通过后方可投入使用，并在使用过程中定期进行维护保养，确保完好有效。

（3）完善消防安全管理组织，确定各级责任人，制定、完善消防安全规章制度，加大消防投入，加强日常消防管理，消除消防违法行为，整改火灾隐患。

（4）制订消防工作计划，定期开展防火安全检查，加强日常防火巡查，确定重点防火部位，明确检查内容，发现问题及时责成有关部门改正。

（5）对仓库各部位、岗位的火灾危险性进行定期分析，找出薄弱环节，制定有针对性的预防措施。

（6）检查和完善消防报警系统、消防自动灭火系统、消防标志和消防应急照明、消防车通道、应急消防广播、灭火器等，保证完好有效。

（7）重视电线、电器用品的选用和日常管理。

二、事故等级划分

根据生产安全事故造成的人员伤亡或者直接经济损失，事故一般分为表7-2中的4个等级。

表7-2 事故等级划分

事故等级	划分标准
特别重大事故	造成30人以上死亡，或者100人以上重伤（包括急性工业中毒，下同），或者1亿元以上直接经济损失的事故
重大事故	造成10人以上30人以下死亡，或者50人以上100人以下重伤，或者5 000万元以上1亿元以下直接经济损失的事故
较大事故	造成3人以上10人以下死亡，或者10人以上50人以下重伤，或者1 000万元以上5 000万元以下直接经济损失的事故
一般事故	造成3人以下死亡，或者10人以下重伤，或者1 000万元以下直接经济损失的事故

三、工伤认定

工伤事故的处理遵照《工伤保险条例》执行。

1. 应当认定为工伤的情形

（1）在工作时间和工作场所内，因工作原因受到事故伤害的。

（2）工作时间前后在工作场所内，从事与工作有关的预备性或者收尾性工作受到事故伤害的。

（3）在工作时间和工作场所内，因履行工作职责受到暴力等意外伤害的。

（4）患职业病的。

（5）因工外出期间，由于工作原因受到伤害或者发生事故下落不明的。

（6）在上下班途中，受到非本人主要责任的交通事故或者城市轨道交通、客运轮渡、火车事故伤害的。

（7）法律、行政法规规定应当认定为工伤的其他情形。

2. 应当视同工伤的情形

（1）在工作时间和工作岗位，突发疾病死亡或者在48 h之内经抢救无效死亡的。

（2）在抢险救灾等维护国家利益、公共利益活动中受到伤害的。

（3）职工原在军队服役，因战、因公负伤致残，已取得革命伤残军人证，到用人单位后旧伤复发的。

3. 不得认定为工伤或者视同工伤的情形

（1）故意犯罪的。

（2）醉酒或者吸毒的。

（3）自残或者自杀的。

培训课程 2

设备安全管理

一、货架安全使用规范

1. 每个货架都有其最大承载，在使用过程中不得超载，以免引起安全隐患。

2. 注意货物与货架的尺寸，卡板及货物的尺寸应该小于货架尺寸，安置妥当后，一般留有 10 cm 以上的空隙。

货架的层高和宽度有一定的数值限制，有的厂家为了增加货架的存放能力，可能会私自将货架的高度和宽度进行伸展，伸展之后可能会导致货架的使用存在安全隐患。

3. 在对移动式货架进行移动时，应小心谨慎，避免因撞击造成损坏。货物搬运过程中要轻拿轻放，避免撞击货架。

4. 虽然仓库货架都做了表面处理，但是在使用过程中也要注意防潮。货架在受潮后需要用抹布擦干，避免生锈，特别需要注意货架的接口位置。

5. 遵守货架高层放轻物、底层放重物的原则。

6. 在货架存放货物时，避免人员进入货架下方。

二、叉车安全使用规范

1. 人员

（1）驾驶叉车的人员必须经过专业培训，通过安全生产监督部门的考核，取得特种设备作业操作证，并经企业培训、考核合格后方能驾驶，严禁无证操作。

（2）严禁酒后驾驶，行驶中不得吸烟、饮食、闲谈、把玩手机等。

2. 检查车辆

（1）叉车作业前后，应检查其外观，加注燃料、润滑油和冷却水。

（2）检查起动、运转及制动安全性能。

（3）检查灯光、喇叭信号是否正常。

（4）叉车运转过程中应检查压力、温度是否正常。

（5）叉车运行后，应检查泄漏情况，若出现泄漏，应及时更换密封件。

3. 起步

（1）起步前，应观察四周，确认无妨碍行车安全的障碍后，先鸣笛，后起步。

（2）液压（气压）式制动的车辆必须等制动液压（气压）表达到安全数值方可起步。

（3）叉车在载物起步时，司机应先确认所载货物是否平稳可靠。

（4）起步必须缓慢平稳。

4. 行驶

（1）行驶时，货叉底端距地面高度应保持在 30 ~ 40 cm，门架后倾。

（2）行驶时不得将货叉升得太高。进出作业现场或行驶途中，要注意货叉上方无障碍物刮碰。载物行驶时，货叉若升得太高会影响叉车的稳定性。

（3）卸货后，应先降落货叉至正常的行驶位置后再行驶。

（4）转弯时，如附近有行人或车辆，应先发出提醒信号。禁止高速急转弯，以免车辆失去横向稳定而倾翻。

（5）行驶叉车在下坡时严禁熄火滑行，非特殊情况禁止载物行驶过程中急刹车。

（6）叉车在运行时要遵守企业内交通规则，必须与其他车辆保持一定的安全距离。

（7）叉车运行时，货物必须处于不妨碍行驶的最低位置，门架要适当后倾。除堆垛或装车时，不得升高货物。

（8）载物高度不得遮挡司机视线。特殊物品影响前行视线时，要低速行驶，并注意发出提醒信号。

（9）禁止在坡道上转弯，也不应横跨坡道行驶。

（10）叉车安全行驶速度一般为 5 km/h，进入生产车间区域必须低速安全行驶。

（11）叉车行驶时，禁止人员站在货叉上把持货物和起平衡作用。

（12）发现问题及时检修和上报，不得带故障作业和隐瞒不报。

5. 装卸

（1）叉载物品时，应按需调整两货叉间距，使两货叉负荷均衡，不得偏斜，物品的一面应贴靠挡物架。

（2）禁止单叉作业或用叉顶物、拉物，特殊情况拉物必须设立安全警示牌。

（3）在进行货物装卸过程中，必须用制动器制动叉车。

（4）车速应缓慢平稳，注意车轮不要碾压货物垫木，以免车轮受损或垫木弹起伤人。

（5）货叉叉物作业时，货叉应尽可能深地叉入货物下方，还要注意货叉尖不能碰到其他货物或物件。应采用最小的门架后倾来稳定货物，以免货物向后滑动。放下货物时可使门架稍前倾，以便于安放货物和抽出货叉。

（6）禁止高速叉取货物，禁止用叉头碰撞坚硬物体。

（7）叉车装卸时，禁止人员站在货叉上把持货物和起平衡作用。

（8）叉车装卸时，禁止人员站在货叉周围，以免货物倒塌伤人。

（9）禁止超载，禁止用货叉举升人员从事高处作业，以免发生高空坠落事故。

（10）不能用惯性溜、放制动，不能用圆形物品或易滚动物品制动。

（11）不能用货叉挑、翻栈板的方法卸货。

6. 离开

（1）禁止司机在货叉上货物悬空时离开叉车，离开叉车前必须卸下货物或降下货叉架。

（2）停车，拉紧制动手柄或压下手刹开关。

（3）发动机熄火。除特殊情况，如司机离开时间不超过 1 min 且视线不离开车辆。

（4）拔下钥匙。

7. 停车

（1）发动机熄火前，应使发动机怠速运转，2~3 min 后熄火。

（2）发动机熄火停车后，应拉紧制动手柄。

（3）低温季节（0 ℃以下）应放尽冷却水或加入防冻液。

（4）当气温低于 −15℃时，应拆下蓄电池并搬入室内，以免冻裂。转动机油滤清器手柄 1~2 圈，检查螺栓、螺母有无松脱现象，并及时排除异常情况。

（5）将叉车冲洗擦拭干净，进行日常例行保养后，停放在车库或指定地点。

培训课程 3 物料安全管理

一、物料堆放管理

物料堆放关系仓库安全,如果物料堆放的高度不符合标准,就可能存在一定的安全隐患,甚至造成重大损失。因此熟悉并掌握物料堆放的标准至关重要。

1. 物料安全堆放的一般规定

物料堆放重物在下,轻物在上;易损物品要固定,易倒物品要挤压牢固;长物要放倒。立体堆放的材料和物品要限制堆放高度,堆垛不得倾斜、有晃动。钢材应靠通道侧放置整齐;滑动物件要有支架或稳固措施,圆筒产品或工件滚动面不得面向安全通道。各种量具不得放在车床活动面、导轨上。钢丝绳要上架,且有明显标志。

2. 物料堆放的原则

(1)尽量利用库位空间,较多采取立体储存的方式。

(2)仓库通道与堆垛之间保持适当的距离,提高物品装卸的效率。

(3)根据物品的不同收发批量、包装、外形、性质和盘点方法的要求,利用不同的堆码工具,采取不同的堆码形式。

(4)不要轻易改变物品存储的位置,一般按照先进先出的原则进行堆放。

(5)在库位不紧张的情况下,尽量避免物品堆码的覆盖和拥挤。

3. 物料堆放的"五距"

为有效做好物料堆放管理,设置了物料堆放的"五距",即顶距、灯距、墙距、柱距和堆距。

(1)顶距。顶距是指货堆的顶面与仓库屋顶平面之间的距离。一般的平顶仓库顶距为 50 cm 以上,人字形屋顶货堆顶面以不超过横梁为准。

（2）灯距。灯距是指仓库内固定的照明灯与物品之间的距离。灯距一般不小于 50 cm，以防止照明灯过于接近物品而发生火灾。

（3）墙距。墙距是指墙壁与货堆之间的距离。墙距又分外墙距与内墙距，一般外墙距在 50 cm 以上，内墙距在 30 cm 以上，以便通风散潮和防火。

（4）柱距。柱距是指货堆与屋柱的距离。柱距一般为 10~20 cm，柱距的作用是防止屋柱散发的潮气使物料受潮，并保护柱脚，以免损坏建筑物。

（5）堆距。堆距是指货堆与货堆之间的距离。堆距一般为 100 cm，堆距的作用是使货堆与货堆之间间隔清楚，防止混淆，也便于通风检查。

二、物料防潮防霉管理

1. 应定期检查仓库，物料不要堆在地面上，最好摆放到物料架上或用层架隔开，应该让所有物料保持干净卫生、整洁。不常用的材料装入塑胶袋内，不要裸露在空气中。塑胶袋外表面应打扫干净，降低仓库的菌落数。

2. 物料堆放时相互之间应留有空间，不要堵塞过道或堆放过密，以免影响空气对流。

3. 仓库应注意通风。当室外湿度大于室内湿度时，应关闭门窗；反之打开门窗。记录湿度、温度变化，视环境相对湿度情况，可安装抽湿设备，以降低产品受潮霉变的风险。通风设施应定期检查。

4. 定期检查仓库及其附属设施的密封性，防止产生漏雨点；检查仓库排水设施是否完好；检查仓库抹布、拖把、除湿材料、防雨薄膜等用品准备是否齐全。若发现较严重水湿、潮湿现象时应及时上报。

5. 仓库负责人根据仓库具体情况制定有针对性的仓库防雨防潮检查制度，每日安排人员检查。

6. 定期召开仓库全体员工防雨防潮动员大会，进行仓库防雨防潮措施方法的培训。

三、仓库防盗措施

1. 无关人员严禁进入仓库重地。

2. 建立保卫部门或配备专职保卫人员，经常对职工进行安全保卫教育，同时要结合实际情况，建立门卫检查、警卫执勤、巡逻、值班等制度，确保仓库安全。

3. 仓库防盗硬件安装到位。仓库大门做明锁加暗锁处理；低层窗户应装有防盗栏杆；在仓库的围墙、进出口、窗户等地方安装视频监控设备，全天候开启设备。

4. 值班人员全天候轮班，不得离岗空岗，并做好交接班记录，提高防范意识，确保安全。出现异常情况要及时拨打报警电话，并在第一时间向上级汇报。

职业模块 8 职业形象与健康基础知识

培训课程 1

仪容仪表

仪容仪表既是个人形象的外在体现，代表个人的精神面貌；也是企业形象的标志，体现企业文明服务水平和管理水平。

一、个人形象

1. 个人卫生

个人卫生主要指头发、脸部、手指等部位要保持整洁，身上不能有异味，要做到勤洗澡、勤换衣服、勤漱口，指甲要经常修剪；上班前不饮酒，忌吃大蒜、韭菜等有刺激性气味的食物。

2. 着装

工作时的着装原则是舒适、方便、大方。物流服务师一般穿着统一的工作服，注意工作服应系好扣子或拉上拉链，禁止将裤腿挽得过高、将工作服扎系在腰间等；若没有统一的工作服，则以休闲和宽松的服装为宜。服装一定要干净、整洁。

3. 打扮

男性发型以清爽、简洁为主，不在身体明显部位文身，不戴造型夸张的饰品饰物。

女性妆容要自然、淡雅；发型不要太奇异，长发最好扎起或盘起；不戴造型夸张的饰品饰物；不制作外形夸张、颜色怪异的美甲造型，以免给工作带来不便。

二、姿态

1. 站姿

站姿是一种基本的姿态，基本要领是：头正且要有头顶上悬的感觉，双目平视，下巴微收，面带微笑；挺胸，收腹，吸腰，腹肌和臀肌要保持一定的肌紧张并前后形成夹力；髋部向上提，脚跟并拢，脚尖分开，双肩放松，双臂自然下垂。

2. 坐姿

坐姿不仅指坐时的姿态，还包括进坐和退坐时的姿态，一般从左侧进、退坐。坐定后腰部挺起，上体保持正直，两眼平视；双手自然地放在大腿上或搭在扶手上；大腿要并拢，小腿可交叠，双脚可与身体垂直也可左右斜放。

3. 走姿

走姿是一个人精神状态的具体体现。起步时背部挺直，上半身不可随意摇晃，保持平稳，目光平视，下巴微收，手臂放松，手指自然弯曲，前后自然摆动。行走时，不要左右摇晃，不要左顾右盼，也不要走成"内八字"或"外八字"，两脚要交替走在一条直线上。

4. 蹲姿

蹲姿是日常生活中拿取低处物品时的常见姿态。蹲下时，腿和身体都要用力，不可将全身力量都压在小腿上。全蹲或半蹲时，手要尽量贴近腰身；上身不可以倾斜得太低，臀部不可以翘得太高；穿低领衣服时要注意一手护衣领。

培训课程 2

心理健康

一、心理健康的定义

心理健康是指心理的各个方面及活动过程处于一种良好或正常的状态。心理健康的理想状态是保持性格完好、智力正常、认知正确、情感适当、意志合理、态度积极、行为恰当、适应良好的状态。与心理健康相对应的是心理亚健康及心理病态。心理健康从不同的角度有不同的含义，衡量标准也有所不同。

心理健康的个体能够适应不断变化的环境，具有完善的个性特征，且其认知、情绪反应、意志行为处于积极状态，并能保持正常的调控能力；能够正确认识自我，自觉控制自己，正确对待外界影响。

二、心理健康的标准

1. 充分的安全感。
2. 充分了解自己，并对自己的能力做正确的评估。
3. 生活的目标切合实际。
4. 与现实的环境保持接触。
5. 能保持人格的完整与和谐。
6. 具有从经验中学习的能力。
7. 能保持良好的人际关系。
8. 适度的情绪表达与控制。
9. 在不违背社会公序良俗的前提下，对个人的基本需要做恰当的满足。
10. 在符合集体要求的前提下，较好地发挥自己的个性。

三、缓解压力的方法

1. 消除压力源

缓解压力最直接的方法就是找到压力源，然后尽可能地消除它。如果压力是由于工作任务重造成的，不妨合理安排一下时间，重要的工作先做，次要的工作放一放，待时间充裕再完成。

也可以列出每月、每周、每日工作清单，有计划、有规律地完成各项工作。

2. 适量运动

运动可以让人放松身心，可以选择游泳、散步、瑜伽、太极拳等。长久的室内工作会让身体承担压力的能力越来越差。因此，当感觉到有压力时，多到户外走动，适当运动可缓解压力。

3. 深呼吸

深呼吸随时可以进行，对于缓解紧张情绪、平复心情十分有效。首先用鼻孔慢慢地吸气，注意在吸气过程中，由于胸廓向上、横膈膜向下，所以腹部会慢慢鼓起；然后继续吸气，使空气进入肺的上部，这个过程大约需要 5 s；最后屏住呼吸几秒钟，逐渐用嘴巴呼出气体。

4. 音乐舒缓

轻快舒缓的音乐不仅能给人带来美的熏陶和享受，而且还能使人的精神得到有效放松，因此人们在紧张的工作之余可以多听听音乐，让优美的乐曲来缓解压力。

5. 按摩放松

可以进行简单的自我按摩，如用拇指按压太阳穴、做眼部保健操、用拇指和食指提捏后颈部等，也可以去专业的按摩机构进行按摩放松。

6. 合理宣泄

压力是在所难免的，在面对压力的时候，不要全部藏在心中默默承受，不妨将心中的压力和不快说出来，或者通过运动、唱歌、大喊、哭泣等方式宣泄出来，缓解压力。

培训课程 3

仓库现场管理

仓库现场管理主要是指"7S"管理，其中整理（seiri）、整顿（seiton）、清扫（seiso）、清洁（setketsu）、素养（shitsuke）是日语外来词，在罗马文拼写中，第一个字母都为S，所以称为"5S"。随着人们对这一活动认识的不断深入以及细分领域的实践应用，在仓库现场管理中又添加了安全（security）、节约（saving）内容，这两个英文的首字母为S，所以与"5S"并称为"7S"。

推行"7S"管理意味着需要规范仓库工作，培养员工良好的工作习惯，创造整洁、无安全隐患的工作环境，形成良好的工作秩序和严明的工作纪律。同时"7S"管理也是提高工作效率、保证工作质量、减少浪费、节约物料成本和时间成本的基本要求。

一、整理

1. 含义

整理是指将工作场地内的所有物品分类，并且清理不必要的物品。

2. 细则体现

（1）有效处理呆废料。

（2）把一个月内计划不会使用的物品放到指定位置。

（3）把一周内计划用到的物品放到指定位置。

（4）每天处理好当天的账务，定期将窗体、账页及资料进行分类装订。

二、整顿

1. 含义

整顿是指对所有有用的物品进行分类，按物品使用频率对放置的场所进行合理规划，如分为经常使用物品区、不经常使用物品区、废品区等。定位、定量需要的物品，能快速取得所需的物品。

2. 细则体现

（1）仓库中的好、坏物料必须分清楚，做好明显标志，不能混料。仓库主管、检验员、设备维修人员、电工必须跟班作业，保证设备正常运行和产品质量完好。

（2）仓库内的规划区域要有明确标志，如物料摆放区、安全通道、物料报废区、物料发放区、配料区、不合格物料存放区、待检物料存放区、消防设施摆放区、办公区等，其中物料摆放区内要分类、分小区存放，且标志清楚。

三、清扫

1. 含义

清扫是指将工作场所内工作时使用的仪器、设备等打扫干净，让工作场所保持干净、宽敞、明亮。

2. 细则体现

每天对仓库区域进行清扫，清理掉不要、不用的物料和坏的物料，并将仓库内的物料放到指定的区域内，达到整洁、整齐、干净、卫生、合理的摆放要求。

四、清洁

1. 含义

清洁是指经常性地进行工作整理、整顿、清扫工作，并对以上三项进行定期与不定期的监督检查。

2. 细则体现

库房人员应保持库内清洁，不得有尘土脏物，不得有与保管无关的物品，做到窗明壁净，库内外整洁卫生，物品摆放符合定置管理等要求。

五、素养

1. 含义

素养是指修养，如拥有良好的习惯、遵守规则、积极主动投入工作等。

2. 细则体现

（1）按时上下班（员工参加早会需提前10分钟到岗），不迟到，不早退，不旷工（如遇赶货，上下班时间按照仓库安排执行），有事要提前请假。

（2）工作时间禁止在仓库吸烟、聊天、嬉戏打闹、吵嘴打架，私自脱岗、串岗等（注：脱岗指上班时间脱离工作岗位或办私事，串岗指上班时间串至他人岗位做与工作无关的事）。

（3）培养良好的工作态度和作风，形成良好的工作习惯。

（4）做事细心，认真负责，诚实，有良好的团队意识及职业道德。

（5）对于上级下达的任务要按时按质完成，其他的工作制度和行为准则以企业规定为准。

六、安全

1. 含义

安全是指消除隐患，排除险情，预防安全事故，保障员工的人身安全，保证服务的持续性，减少安全事故造成的经济损失。

2. 细则体现

（1）任何人不得携带易燃易爆、易腐烂、毒品、浓气味等违禁物品、危险品或与生产无关的物品进入仓库，不得将产品（或废品）和私人用品放在仓库物品存放区。

（2）下班时应关闭窗户，锁上仓库门。及时检查货物，如有异常或者安全隐患及时上报和处理。

（3）需要在仓库内进行高空作业时，应做好安全防范。

七、节约

1. 含义

节约是指合理利用时间、空间、能源等资源，发挥其最大效能，营造一个高效、物尽其用的工作环境。

2. 细则体现

（1）按单收发物料，提高工作效率，消除浪费。

（2）易耗品以旧换新，残废品定期回收。

（3）节约用电，区域无人时应关闭电源。

（4）树立"节约一元钱比赚一元钱容易"的理念，并以此严格管理。

职业模块 9
环境保护基础知识

培训课程 1 环境保护认知

一、环境问题概述

环境是人类生存和活动的场所,也是向人类提供生产和消费所需要的自然资源的供应基地。

环境问题可分为两大类:一类是自然因素的破坏和污染等引起的,如火山活动、地震、风暴、海啸等产生的自然灾害,环境元素自然分布不均引起的地方病,以及自然界中放射物质产生的放射病等;另一类是人为因素造成的,在人类生产、生活活动中产生的各种污染物(或污染因素)进入环境,超过了环境容量的容许极限,使环境受到污染和破坏。人类在开发利用自然资源时,一旦超越了环境自身的承载能力,就会使生态环境恶化,严重时出现自然资源枯竭的现象。

环境问题的产生从根本上讲是经济、社会发展的伴生产物,具体可概括为以下几个方面。

第一,由于人口增加对环境造成的巨大压力。

第二,伴随人类的生产、生活活动产生的环境污染。

第三,人类在开发建设活动中造成的生态破坏的不良变化。

第四,由于人类的社会活动,如军事活动、旅游活动等,造成的人文遗迹、风景名胜区、自然保护区的破坏,珍稀物种的灭绝,以及海洋等自然和社会环境的破坏与污染。

二、环境污染的类型

常见的环境污染类型见表9-1。

表 9-1　常见的环境污染类型

类型	说明
陆地污染	垃圾的清理成了各大城市的重要问题，每天成千上万吨的垃圾中，多数是不能焚化或腐化的，如塑料、橡胶、玻璃等
海洋污染	海洋污染物主要是指从油船与油井漏出来的原油，工厂排出的污水，矿场流出的酸性溶液等。不但使海洋生物受到侵害，鸟类和人类也可能因为吃了这些生物而受到影响，并进入生物链
空气污染	空气污染是最为直接与严重的环境污染，主要来自工厂、汽车、发电厂等排放的一氧化碳、硫化氢等，每天都有人因接触了污浊空气而染上呼吸器官或视觉器官的疾病
水污染	水污染是指水体因某种物质的介入，而导致水体性质发生改变，从而影响水的有效利用，危害人体健康或者破坏生态环境，造成水质恶化的现象
噪声污染	噪声污染是指环境噪声超过国家规定的排放标准，并干扰他人正常工作、学习、生活的现象
放射性污染	放射性污染是指由于人类活动造成物料、人体、场所、环境介质表面或者内部出现超过国家标准的放射性物质

三、环境保护的措施

1. 发展绿色运输

绿色运输是指以节能减排为主要特征的运输。

实施绿色运输的途径主要有合理选择运输工具，优化运输路线，避免迂回运输、重复运输、去返程空载等不合理的运输方式，提高运输工具的实载率；引进新型内燃机技术，使用清洁燃料，提高能源使用效率；采用电动型运输车辆，避免尾气排放导致的空气污染。

推进绿色运输的发展，可以避免先污染、再治理的恶性循环，避免社会成本的巨大浪费。

2. 加强立法和政策扶持

现阶段我国将节能减排作为提高环境质量的主要举措，制定实施了相关法律法规，出台了一些优惠政策，加强了对公路运输的扶持，鼓励铁路运输，鼓励企业绿色生产、绿色经营。

3. 发展多式联运

多式联运克服了单运输方式固有的缺陷，通过优化运输线路合理配置运输工具，使各种运输方式能够扬长避短，实现了运输一体化，保证了运输过程的整体最优化和效率最大化，降低了能源浪费和环境污染。

多式联运的核心是每一种运输形式都发挥出最适应其运输特点的应有的作用。多式联运不是运输方式的简单转换，而是物流企业或运输承运人的自觉行动，从而提高运输效率。多式联运是企业推行绿色物流的有效途径。

4. 完善信息网络

当前物流需求呈现多品种、多批次、小批量的特点，要求企业的信息系统必须反应快速、准确，信息处理能力强。因此，物流企业要引进和建设库存管理信息系统、运输管理信息系统、电子数据交换系统、全球卫星定位系统、决策支持系统等，提高物流系统的运行效率。

同时，要建立企业网站等信息平台，加强企业之间的交流和沟通，加快企业信息系统的集成，实现不同企业的信息共享、资源共享、利益共享，提高物流资源的利用率。

5. 优化包装

（1）采用"激光文字雕刻"技术代替快递面单，直接在包装过程中实现邮寄信息的输出。

（2）利用可降解塑料袋代替一般塑料包装袋，进一步减少袋装垃圾。

（3）利用热熔胶封口方式，减少因胶带封口产生大量不必要的塑料垃圾。

培训课程 2

绿色物流

一、绿色物流的定义

绿色物流是指以经济学一般原理为基础，建立在可持续发展理论、生态经济学理论、生态伦理学理论、外部成本内部化理论和物流绩效评估基础上的物流科学发展观。同时，绿色物流也是一种能抑制物流活动对环境的污染，减少资源消耗，利用先进的物流技术规划和实施运输、仓储、装卸搬运、流通加工、包装、配送等作业流程的物流活动。绿色物流主要包括以下五个方面。

1. 节约资源

节约资源是绿色物流的本质内容，也是物流业发展的重要措施。通过整合现有资源，优化资源配置，企业可以提高资源利用率，减少资源浪费。

2. 绿色运输

运输过程中的燃油消耗和尾气排放是物流活动造成环境污染的主要原因之一。因此，要想打造绿色物流，首先要对运输线路进行合理布局与规划，通过缩短运输路线、提高运输工具装载率等措施，实现节能减排的目标。另外，还要注重对运输工具的养护，使用清洁燃料，减少能耗及尾气排放。

3. 绿色仓储

绿色仓储一方面要求仓库选址要合理，以节约运输成本；另一方面，仓储布局要科学，使仓库得以充分利用，实现仓储面积利用的最大化，降低仓储成本。

4. 绿色包装

包装是物流活动的一个重要环节，绿色包装可以提高包装材料的回收利用率，有效控制资源消耗，避免环境污染。

5. 废弃物物流

废弃物物流是指在经济活动中失去原有价值的物品，根据实际需要对其进行收集、分类、加工、包装、搬运、储存等，然后分送到专门处理场所的物品流动活动。

二、绿色物流的特点

与传统物流相比，绿色物流在理论基础、行为主体、活动范围及其最终目标四个方面都有自身显著的特点。

1. 绿色物流的理论基础更广，包括可持续发展理论、生态经济学理论、生态伦理学理论等。

2. 绿色物流的行为主体更多，不仅包括专业的物流企业，还包括产品供应链上的制造企业和分销企业，同时还包括不同级别的政府和物流行政主管部门等。

3. 绿色物流的活动范围更广，不仅包括商品生产的绿色化，还包括物流作业环节和物流管理全过程的绿色化。

4. 绿色物流的最终目标是可持续发展，实现该目标的准则不仅仅是经济利益，还包括社会利益和环境利益，并且是这些利益的统一。

三、绿色物流的模式

1. 运输管理

（1）开展共同配送。共同配送是指由多个企业联合组织实施的配送活动。共同配送可以分为以货主为主体的共同配送和以物流企业为主体的共同配送两种类型。

从货主的角度来说，通过共同配送可以提高物流效率。例如，如果中小批发者各自配送，则难以满足零售商多批次、小批量的配送要求；而采取共同配送，送货者可以实现少量配送，收货方可以进行统一验货，从而达到提高物流服务水平的目的。

从物流企业的角度来说，特别是一些中小型物流企业，由于受资金、人才、管理等方面制约，运量少、效率低、使用车辆多，独自承揽业务在物流合理化及效率上受到限制。如果彼此合作，采用共同配送，则可以很好地解决以上问题。

因此，共同配送可以最大限度地提高人员、物资、资金、时间等资源的利用率，取得最大化的经济效益。同时，可以去除多余的交错运输，取得缓解交通、保护环境等社会效益。

（2）采取复合一贯制运输方式。复合一贯制运输是指吸取铁路、汽车、船舶、飞机等基本运输方式的长处，把它们有机地结合起来，实行多环节、多区段、多运输工具相互衔接进行商品运输的一种方式。这种运输方式以集装箱作为连接各种工具的通用媒介，起到促进复合直达运输的作用。为此，要求装载工具及包装尺寸都做到标准化。由于全程采用集装箱等包装形式，可以减少包装支出，降低运输过程中的货损、货差。复合一贯制运输方式的优势还表现在：克服了单运输方式固有的缺陷，从而在整体上保证了运输过程的最优化和效率化；有效地解决了由于地理、气候、基础设施建设等各种市场环境差异造成的商品在产销空间、时间上的分离，促进了产销之间紧密结合以及企业生产经营的有效运转。

（3）大力发展第三方物流。第三方物流是由供方与需方以外的物流企业提供物流服务的业务方式。发展第三方物流，由专门从事物流业务的企业为供方或需方提供物流服务，可以更广泛地考虑物流合理化问题，简化配送环节，进行合理运输，有利于在更广泛的范围内对物流资源进行合理利用和配置，可以避免自有物流带来的资金占用多、运输效率低、配送环节烦琐、企业负担加重、城市污染加剧等问题。当一些大城市的车辆配送大为饱和时，专业物流企业的出现可以有效减少运输车量，从而缓解物流对城市环境污染的压力。

2. 包装管理

绿色包装是指采用节约资源、保护环境的包装。除了督促生产部门采用尽量简化的、由可降解材料制成的包装，绿色包装的途径主要如下。

（1）包装模数化。确定包装基础尺寸的标准，即包装模数化。包装模数标准确定以后，各种进入流通领域的产品便需要按模数规定的尺寸包装。模数化包装有利于小包装的集合，利用集装箱及托盘装箱、装盘。包装模数应与仓库设施、运输设施尺寸模数统一化，有利于运输和保管，从而实现物流系统的合理化。

（2）包装大型化和集装化。有利于物流系统在装卸、搬迁、保管、运输等过程的机械化，提高这些环节的作业速度，有利于减少单位包装，节约包装材料和包装费用，有利于保护货体。

（3）包装多用化和废弃包装处理。采用通用包装，不用专门安排回返使用；采用周转包装，可多次反复使用，如鲜奶玻璃瓶、啤酒瓶等；梯级利用，使用后的包装物转作他用或简单处理后转作他用；废弃包装物经再生处理，转化为其他用途材料。

（4）开发新包装材料和包装器具。其发展趋势是包装物的高功能化，用较少的材料可以实现多种包装功能。

3. 流通加工

流通加工是指物品从生产地到使用地的过程中，根据需要包装、分割、计量、分拣、组装、价格贴付、标签贴付、商品检验等简单作业的总称。

流通加工具有较强的生产性，也是流通部门对环境保护可以大有作为的领域。绿色流通加工主要包括两个方面：一是变消费者加工为专业集中加工，以规模作业方式提高资源利用率，减少环境污染，如饮食服务业对食品进行集中加工，以减少家庭分散烹调所带来的能源和空气污染；二是集中处理消费品加工中产生的边角废料，以减少消费者分散加工所造成的废弃物污染，如流通部门对蔬菜集中加工，可减少居民分散加工所造成的垃圾丢放及相应的环境治理问题。

4. 废弃物管理

从环境的角度看，大量生产、消费的结果必然导致大量废弃物的产生，尽管已经采取了许多措施加速废弃物的处理并控制废弃物物流，但从总体上看，大量废弃物的出现仍然对社会造成了严重的消极影响，导致废弃物处理的重重困难，而且会引发社会资源的枯竭以及自然资源的恶化。因此，物流活动中必须有效控制或减少废弃物的产生，有效利用资源，维护生态环境。

5. 装卸管理

装卸是跨越运输和物流设施进行的，是发生在输送、储存、包装前后的商品取放活动。

实施绿色装卸要求企业在装卸过程中进行正当装卸，避免商品损坏，从而避免资源浪费及废弃物造成环境污染。另外，绿色装卸还要求企业消除无效搬运，提高搬运的灵活性，合理利用现代化机械，保持物流的均衡顺畅。

职业模块 10
相关法律法规知识

培训课程 1

相关法律知识

一、《中华人民共和国劳动合同法》相关知识

为了完善劳动合同制度，明确劳动合同双方当事人的权利和义务，保护劳动者的合法权益，构建和发展和谐稳定的劳动关系，制定《中华人民共和国劳动合同法》。

中华人民共和国境内的企业、个体经济组织、民办非企业单位等组织（以下称用人单位）与劳动者建立劳动关系，订立、履行、变更、解除或者终止劳动合同，适用本法。

国家机关、事业单位、社会团体和与其建立劳动关系的劳动者，订立、履行、变更、解除或者终止劳动合同，依照本法执行。

《中华人民共和国劳动合同法》的部分内容选摘如下。

第七条　用人单位自用工之日起即与劳动者建立劳动关系。用人单位应当建立职工名册备查。

第八条　用人单位招用劳动者时，应当如实告知劳动者工作内容、工作条件、工作地点、职业危害、安全生产状况、劳动报酬，以及劳动者要求了解的其他情况；用人单位有权了解劳动者与劳动合同直接相关的基本情况，劳动者应当如实说明。

第九条　用人单位招用劳动者，不得扣押劳动者的居民身份证和其他证件，不得要求劳动者提供担保或者以其他名义向劳动者收取财物。

第十条　建立劳动关系，应当订立书面劳动合同。

已建立劳动关系，未同时订立书面劳动合同的，应当自用工之日起一个月内订立书面劳动合同。

用人单位与劳动者在用工前订立劳动合同的，劳动关系自用工之日起建立。

第十一条　用人单位未在用工的同时订立书面劳动合同，与劳动者约定的劳动报酬不明确的，新招用的劳动者的劳动报酬按照集体合同规定的标准执行；没有集体合同或者集体合同未规定的，实行同工同酬。

第十二条　劳动合同分为固定期限劳动合同、无固定期限劳动合同和以完成一定工作任务为期限的劳动合同。

第十三条　固定期限劳动合同，是指用人单位与劳动者约定合同终止时间的劳动合同。

用人单位与劳动者协商一致，可以订立固定期限劳动合同。

第十四条　无固定期限劳动合同，是指用人单位与劳动者约定无确定终止时间的劳动合同。

用人单位与劳动者协商一致，可以订立无固定期限劳动合同。有下列情形之一，劳动者提出或者同意续订、订立劳动合同的，除劳动者提出订立固定期限劳动合同外，应当订立无固定期限劳动合同：

（一）劳动者在该用人单位连续工作满十年的；

（二）用人单位初次实行劳动合同制度或者国有企业改制重新订立劳动合同时，劳动者在该用人单位连续工作满十年且距法定退休年龄不足十年的；

（三）连续订立二次固定期限劳动合同，且劳动者没有本法第三十九条和第四十条第一项、第二项规定的情形，续订劳动合同的。

用人单位自用工之日起满一年不与劳动者订立书面劳动合同的，视为用人单位与劳动者已订立无固定期限劳动合同。

第十五条　以完成一定工作任务为期限的劳动合同，是指用人单位与劳动者约定以某项工作的完成为合同期限的劳动合同。

用人单位与劳动者协商一致，可以订立以完成一定工作任务为期限的劳动合同。

第十六条　劳动合同由用人单位与劳动者协商一致，并经用人单位与劳动者在劳动合同文本上签字或者盖章生效。

劳动合同文本由用人单位和劳动者各执一份。

二、《中华人民共和国安全生产法》相关知识

为了加强安全生产工作，防止和减少生产安全事故，保障人民群众生命和财

产安全，促进经济社会持续健康发展，制定《中华人民共和国安全生产法》。

在中华人民共和国领域内从事生产经营活动的单位（以下称生产经营单位）的安全生产，适用本法；有关法律、行政法规对消防安全和道路交通安全、铁路交通安全、水上交通安全、民用航空安全以及核与辐射安全、特种设备安全另有规定的，适用其规定。

《中华人民共和国安全生产法》的部分内容选摘如下。

第二十条　生产经营单位应当具备本法和有关法律、行政法规和国家标准或者行业标准规定的安全生产条件；不具备安全生产条件的，不得从事生产经营活动。

第二十一条　生产经营单位的主要负责人对本单位安全生产工作负有下列职责：

（一）建立健全并落实本单位全员安全生产责任制，加强安全生产标准化建设；

（二）组织制定并实施本单位安全生产规章制度和操作规程；

（三）组织制定并实施本单位安全生产教育和培训计划；

（四）保证本单位安全生产投入的有效实施；

（五）组织建立并落实安全风险分级管控和隐患排查治理双重预防工作机制，督促、检查本单位的安全生产工作，及时消除生产安全事故隐患；

（六）组织制定并实施本单位的生产安全事故应急救援预案；

（七）及时、如实报告生产安全事故。

第二十二条　生产经营单位的全员安全生产责任制应当明确各岗位的责任人员、责任范围和考核标准等内容。

生产经营单位应当建立相应的机制，加强对全员安全生产责任制落实情况的监督考核，保证全员安全生产责任制的落实。

第二十三条　生产经营单位应当具备的安全生产条件所必需的资金投入，由生产经营单位的决策机构、主要负责人或者个人经营的投资人予以保证，并对由于安全生产所必需的资金投入不足导致的后果承担责任。

有关生产经营单位应当按照规定提取和使用安全生产费用，专门用于改善安全生产条件。安全生产费用在成本中据实列支。安全生产费用提取、使用和监督管理的具体办法由国务院财政部门会同国务院应急管理部门征求国务院有关部门意见后制定。

第二十四条　矿山、金属冶炼、建筑施工、运输单位和危险物品的生产、经营、储存、装卸单位，应当设置安全生产管理机构或者配备专职安全生产管理人员。

前款规定以外的其他生产经营单位，从业人员超过一百人的，应当设置安全生产管理机构或者配备专职安全生产管理人员；从业人员在一百人以下的，应当配备专职或者兼职的安全生产管理人员。

第二十五条　生产经营单位的安全生产管理机构以及安全生产管理人员履行下列职责：

（一）组织或者参与拟订本单位安全生产规章制度、操作规程和生产安全事故应急救援预案；

（二）组织或者参与本单位安全生产教育和培训，如实记录安全生产教育和培训情况；

（三）组织开展危险源辨识和评估，督促落实本单位重大危险源的安全管理措施；

（四）组织或者参与本单位应急救援演练；

（五）检查本单位的安全生产状况，及时排查生产安全事故隐患，提出改进安全生产管理的建议；

（六）制止和纠正违章指挥、强令冒险作业、违反操作规程的行为；

（七）督促落实本单位安全生产整改措施。

生产经营单位可以设置专职安全生产分管负责人，协助本单位主要负责人履行安全生产管理职责。

三、《中华人民共和国道路交通安全法》相关知识

为了维护道路交通秩序，预防和减少交通事故，保护人身安全，保护公民、法人和其他组织的财产安全及其他合法权益，提高通行效率，制定《中华人民共和国道路交通安全法》。

中华人民共和国境内的车辆驾驶人、行人、乘车人以及与道路交通活动有关的单位和个人，都应当遵守本法。

《中华人民共和国道路交通安全法》的部分内容选摘如下。

第四十八条　机动车载物应当符合核定的载质量，严禁超载；载物的长、宽、高不得违反装载要求，不得遗洒、飘散载运物。

机动车运载超限的不可解体的物品,影响交通安全的,应当按照公安机关交通管理部门指定的时间、路线、速度行驶,悬挂明显标志。在公路上运载超限的不可解体的物品,并应当依照公路法的规定执行。

机动车载运爆炸物品、易燃易爆化学物品以及剧毒、放射性等危险物品,应当经公安机关批准后,按指定的时间、路线、速度行驶,悬挂警示标志并采取必要的安全措施。

第四十九条 机动车载人不得超过核定的人数,客运机动车不得违反规定载货。

第五十条 禁止货运机动车载客。

货运机动车需要附载作业人员的,应当设置保护作业人员的安全措施。

第五十一条 机动车行驶时,驾驶人、乘坐人员应当按规定使用安全带,摩托车驾驶人及乘坐人员应当按规定戴安全头盔。

第五十二条 机动车在道路上发生故障,需要停车排除故障时,驾驶人应当立即开启危险报警闪光灯,将机动车移至不妨碍交通的地方停放;难以移动的,应当持续开启危险报警闪光灯,并在来车方向设置警告标志等措施扩大示警距离,必要时迅速报警。

第九十条 机动车驾驶人违反道路交通安全法律、法规关于道路通行规定的,处警告或者二十元以上二百元以下罚款。本法另有规定的,依照规定处罚。

第九十二条 公路客运车辆载客超过额定乘员的,处二百元以上五百元以下罚款;超过额定乘员百分之二十或者违反规定载货的,处五百元以上二千元以下罚款。

货运机动车超过核定载质量的,处二百元以上五百元以下罚款;超过核定载质量百分之三十或者违反规定载客的,处五百元以上二千元以下罚款。

有前两款行为的,由公安机关交通管理部门扣留机动车至违法状态消除。

运输单位的车辆有本条第一款、第二款规定的情形,经处罚不改的,对直接负责的主管人员处二千元以上五千元以下罚款。

四、《中华人民共和国海商法》相关知识

为了调整海上运输关系、船舶关系,维护当事人各方的合法权益,促进海上运输和经济贸易的发展,制定《中华人民共和国海商法》。

本法所称海上运输,是指海上货物运输和海上旅客运输,包括海江之间、江

海之间的直达运输。

《中华人民共和国海商法》的部分内容选摘如下。

第四章　海上货物运输合同

第二节　承运人的责任

第四十六条　承运人对集装箱装运的货物的责任期间，是指从装货港接收货物时起至卸货港交付货物时止，货物处于承运人掌管之下的全部期间。承运人对非集装箱装运的货物的责任期间，是指从货物装上船时起至卸下船时止，货物处于承运人掌管之下的全部期间。在承运人的责任期间，货物发生灭失或者损坏，除本节另有规定外，承运人应当负赔偿责任。

前款规定，不影响承运人就非集装箱装运的货物，在装船前和卸船后所承担的责任，达成任何协议。

第四十七条　承运人在船舶开航前和开航当时，应当谨慎处理，使船舶处于适航状态，妥善配备船员、装备船舶和配备供应品，并使货舱、冷藏舱、冷气舱和其他载货处所适于并能安全收受、载运和保管货物。

第四十八条　承运人应当妥善地、谨慎地装载、搬移、积载、运输、保管、照料和卸载所运货物。

第四十九条　承运人应当按照约定的或者习惯的或者地理上的航线将货物运往卸货港。

船舶在海上为救助或者企图救助人命或者财产而发生的绕航或者其他合理绕航，不属于违反前款规定的行为。

第五十条　货物未能在明确约定的时间内，在约定的卸货港交付的，为迟延交付。

除依照本章规定承运人不负赔偿责任的情形外，由于承运人的过失，致使货物因迟延交付而灭失或者损坏的，承运人应当负赔偿责任。

除依照本章规定承运人不负赔偿责任的情形外，由于承运人的过失，致使货物因迟延交付而遭受经济损失的，即使货物没有灭失或者损坏，承运人仍然应当负赔偿责任。

承运人未能在本条第一款规定的时间届满六十日内交付货物，有权对货物灭失提出赔偿请求的人可以认为货物已经灭失。

第三节　托运人的责任

第六十六条　托运人托运货物，应当妥善包装，并向承运人保证，货物装船时所提供的货物的品名、标志、包数或者件数、重量或者体积的正确性；由于包装不良或者上述资料不正确，对承运人造成损失的，托运人应当负赔偿责任。

承运人依照前款规定享有的受偿权利，不影响其根据货物运输合同对托运人以外的人所承担的责任。

第六十七条　托运人应当及时向港口、海关、检疫、检验和其他主管机关办理货物运输所需要的各项手续，并将已办理各项手续的单证送交承运人；因办理各项手续的有关单证送交不及时、不完备或者不正确，使承运人的利益受到损害的，托运人应当负赔偿责任。

第六十八条　托运人托运危险货物，应当依照有关海上危险货物运输的规定，妥善包装，作出危险品标志和标签，并将其正式名称和性质以及应当采取的预防危害措施书面通知承运人；托运人未通知或者通知有误的，承运人可以在任何时间、任何地点根据情况需要将货物卸下、销毁或者使之不能为害，而不负赔偿责任。托运人对承运人因运输此类货物所受到的损害，应当负赔偿责任。

承运人知道危险货物的性质并已同意装运的，仍然可以在该项货物对于船舶、人员或者其他货物构成实际危险时，将货物卸下、销毁或者使之不能为害，而不负赔偿责任。但是，本款规定不影响共同海损的分摊。

第六十九条　托运人应当按照约定向承运人支付运费。

托运人与承运人可以约定运费由收货人支付；但是，此项约定应当在运输单证中载明。

第七十条　托运人对承运人、实际承运人所遭受的损失或者船舶所遭受的损坏，不负赔偿责任；但是，此种损失或者损坏是由于托运人或者托运人的受雇人、代理人的过失造成的除外。

托运人的受雇人、代理人对承运人、实际承运人所遭受的损失或者船舶所遭受的损坏，不负赔偿责任；但是，这种损失或者损坏是由于托运人的受雇人、代理人的过失造成的除外。

五、《中华人民共和国海关法》相关知识

为了维护国家的主权和利益，加强海关监督管理，促进对外经济贸易和科技文化交往，保障社会主义现代化建设，制定《中华人民共和国海关法》。

中华人民共和国海关是国家的进出关境（以下简称进出境）监督管理机关。海关依照本法和其他有关法律、行政法规，监管进出境的运输工具、货物、行李

物品、邮递物品和其他物品（以下简称进出境运输工具、货物、物品），征收关税和其他税、费，查缉走私，并编制海关统计和办理其他海关业务。

《中华人民共和国海关法》第三章进出境货物的部分内容选摘如下。

第二十三条　进口货物自进境起到办结海关手续止，出口货物自向海关申报起到出境止，过境、转运和通运货物自进境起到出境止，应当接受海关监管。

第二十四条　进口货物的收货人、出口货物的发货人应当向海关如实申报，交验进出口许可证件和有关单证。国家限制进出口的货物，没有进出口许可证件的，不予放行，具体处理办法由国务院规定。

进口货物的收货人应当自运输工具申报进境之日起十四日内，出口货物的发货人除海关特准的外应当在货物运抵海关监管区后、装货的二十四小时以前，向海关申报。

进口货物的收货人超过前款规定期限向海关申报的，由海关征收滞报金。

第二十五条　办理进出口货物的海关申报手续，应当采用纸质报关单和电子数据报关单的形式。

第二十六条　海关接受申报后，报关单证及其内容不得修改或者撤销，但符合海关规定情形的除外。

第二十七条　进口货物的收货人经海关同意，可以在申报前查看货物或者提取货样。需要依法检疫的货物，应当在检疫合格后提取货样。

第二十八条　进出口货物应当接受海关查验。海关查验货物时，进口货物的收货人、出口货物的发货人应当到场，并负责搬移货物，开拆和重封货物的包装。海关认为必要时，可以径行开验、复验或者提取货样。

海关在特殊情况下对进出口货物予以免验，具体办法由海关总署制定。

第二十九条　除海关特准的外，进出口货物在收发货人缴清税款或者提供担保后，由海关签印放行。

第三十条　进口货物的收货人自运输工具申报进境之日起超过三个月未向海关申报的，其进口货物由海关提取依法变卖处理，所得价款在扣除运输、装卸、储存等费用和税款后，尚有余款的，自货物依法变卖之日起一年内，经收货人申请，予以发还；其中属于国家对进口有限制性规定，应当提交许可证件而不能提供的，不予发还。逾期无人申请或者不予发还的，上缴国库。

确属误卸或者溢卸的进境货物，经海关审定，由原运输工具负责人或者货物的收发货人自该运输工具卸货之日起三个月内，办理退运或者进口手续；必要时，经海关批准，可以延期三个月。逾期未办手续的，由海关按前款规定处理。

前两款所列货物不宜长期保存的，海关可以根据实际情况提前处理。

收货人或者货物所有人声明放弃的进口货物，由海关提取依法变卖处理；所得价款在扣除运输、装卸、储存等费用后，上缴国库。

第三十一条　按照法律、行政法规、国务院或者海关总署规定暂时进口或者暂时出口的货物，应当在六个月内复运出境或者复运进境；需要延长复运出境或者复运进境期限的，应当根据海关总署的规定办理延期手续。

第三十二条　经营保税货物的储存、加工、装配、展示、运输、寄售业务和经营免税商店，应当符合海关监管要求，经海关批准，并办理注册手续。

保税货物的转让、转移以及进出保税场所，应当向海关办理有关手续，接受海关监管和查验。

第三十三条　企业从事加工贸易，应当按照海关总署的规定向海关备案。加工贸易制成品单位耗料量由海关按照有关规定核定。

加工贸易制成品应当在规定的期限内复出口。其中使用的进口料件，属于国家规定准予保税的，应当向海关办理核销手续；属于先征收税款的，依法向海关办理退税手续。

加工贸易保税进口料件或者制成品内销的，海关对保税的进口料件依法征税；属于国家对进口有限制性规定的，还应当向海关提交进口许可证件。

培训课程 2

相关法规知识

一、《快递暂行条例》相关知识

为促进快递业健康发展，保障快递安全，保护快递用户合法权益，加强对快递业的监督管理，根据《中华人民共和国邮政法》和其他有关法律，制定《快递暂行条例》。

在中华人民共和国境内从事快递业务经营、接受快递服务以及对快递业实施监督管理，适用本条例。

《快递暂行条例》第四章快递服务的内容选摘如下。

第二十一条　经营快递业务的企业在寄件人填写快递运单前，应当提醒其阅读快递服务合同条款、遵守禁止寄递和限制寄递物品的有关规定，告知相关保价规则和保险服务项目。

寄件人交寄贵重物品的，应当事先声明；经营快递业务的企业可以要求寄件人对贵重物品予以保价。

第二十二条　寄件人交寄快件，应当如实提供以下事项：

（一）寄件人姓名、地址、联系电话；

（二）收件人姓名（名称）、地址、联系电话；

（三）寄递物品的名称、性质、数量。

除信件和已签订安全协议用户交寄的快件外，经营快递业务的企业收寄快件，应当对寄件人身份进行查验，并登记身份信息，但不得在快递运单上记录除姓名（名称）、地址、联系电话以外的用户身份信息。寄件人拒绝提供身份信息或者提供身份信息不实的，经营快递业务的企业不得收寄。

第二十三条　国家鼓励经营快递业务的企业在节假日期间根据业务量变化实

际情况，为用户提供正常的快递服务。

第二十四条　经营快递业务的企业应当规范操作，防止造成快件损毁。

法律法规对食品、药品等特定物品的运输有特殊规定的，寄件人、经营快递业务的企业应当遵守相关规定。

第二十五条　经营快递业务的企业应当将快件投递到约定的收件地址、收件人或者收件人指定的代收人，并告知收件人或者代收人当面验收。收件人或者代收人有权当面验收。

第二十六条　快件无法投递的，经营快递业务的企业应当退回寄件人或者根据寄件人的要求进行处理；属于进出境快件的，经营快递业务的企业应当依法办理海关和检验检疫手续。

快件无法投递又无法退回的，依照下列规定处理：

（一）属于信件，自确认无法退回之日起超过6个月无人认领的，由经营快递业务的企业在所在地邮政管理部门的监督下销毁；

（二）属于信件以外其他快件的，经营快递业务的企业应当登记，并按照国务院邮政管理部门的规定处理；

（三）属于进境快件的，交由海关依法处理；其中有依法应当实施检疫的物品的，由出入境检验检疫部门依法处理。

第二十七条　快件延误、丢失、损毁或者内件短少的，对保价的快件，应当按照经营快递业务的企业与寄件人约定的保价规则确定赔偿责任；对未保价的快件，依照民事法律的有关规定确定赔偿责任。

国家鼓励保险公司开发快件损失赔偿责任险种，鼓励经营快递业务的企业投保。

第二十八条　经营快递业务的企业应当实行快件寄递全程信息化管理，公布联系方式，保证与用户的联络畅通，向用户提供业务咨询、快件查询等服务。用户对快递服务质量不满意的，可以向经营快递业务的企业投诉，经营快递业务的企业应当自接到投诉之日起7日内予以处理并告知用户。

第二十九条　经营快递业务的企业停止经营的，应当提前10日向社会公告，书面告知邮政管理部门，交回快递业务经营许可证，并依法妥善处理尚未投递的快件。

经营快递业务的企业或者其分支机构因不可抗力或者其他特殊原因暂停快递服务的，应当及时向邮政管理部门报告，向社会公告暂停服务的原因和期限，并依法妥善处理尚未投递的快件。

二、《铁路集装箱运输规则》相关知识

为加强集装箱运输管理工作，保证铁路运输安全，加快集装箱运输发展，依据《中华人民共和国铁路法》《铁路安全管理条例》《铁路货物运输规程》《铁路货物运输管理规则》等法律、行政法规、规章和中国铁路总公司（以下称总公司）有关规定，制定《铁路集装箱运输规则》。

本规则适用于国家铁路的集装箱运输。

《铁路集装箱运输规则》第三章业务办理的内容选摘如下。

第二十九条　车站与托运人或收货人交接集装箱时，施封的凭箱号、封印和箱体外状，不施封的凭箱号和箱体外状交接。

第三十条　发站在接收集装箱时，检查发现箱号或封印内容与运单记载不符或未按规定关闭箱门、拧固、施封的，应由托运人改善后接收。箱体损坏危及货物和运输安全的不得接收。

第三十一条　承运人有权对集装箱货物品名、重量、数量、包装、装载状况等进行检查。需要开箱检查货物时，在发站应通知托运人到场，在到站应通知收货人到场。

托运人有违约责任时，承运人应按合同约定或有关规定向托运人或收货人核收违约金和因检查产生的作业费用。可继续运输的，车站应会同托运人补封，编制货运记录。

第三十二条　到站应向运单记载的收货人交付集装箱。在铁路专用线、专用铁路装卸车的集装箱，交接办法由车站与铁路专用线、专用铁路的使用单位商定。

第三十三条　收货人在接收集装箱时，应按运单核对箱号，检查施封状态、封印内容和箱体外状。发现不符或有异状时，应在接收当时向车站提出，车站按规定及时处理。

第三十四条　收货人可自行掏箱，也可委托承运人掏箱。铁路箱掏空后，应清扫干净，将箱门关闭良好，撤除无关标记，有污染的须洗刷除污。车站应对交回的铁路箱空箱进行检查，发现未清扫或未洗刷的，应在清扫或洗刷干净后接收。

第三十五条　集装箱在承运人的运输责任期内，箱体没有发生危及货物安全的损坏，箱号、施封号码与运单记载一致，施封有效时，箱内货物由托运人负责。

第三十六条　自备箱由于承运人责任造成损坏、丢失时，车站应编制货运记录，由承运人负责赔偿。